Yvonne Joosten
Die schönsten Sprüche und Zitate
für Hochzeiten und Hochzeitstage

Yvonne Joosten

Die schönsten Sprüche und Zitate für Hochzeiten und Hochzeitstage

Für Reden, Glückwünsche, E-Mails, Briefe, Videos und vieles mehr

2., vollständig aktualisierte Auflage

Bibliografische Information der Deutschen Nationalbibliothek
Die Deutsche Nationalbibliothek verzeichnet diese Publikation in der Deutschen
Nationalbibliografie; detaillierte bibliografische Daten sind im Internet über
http://dnb.ddb.de abrufbar.

ISBN 978-3-86910-008-1 (Print)
ISBN 978-3-86910-950-3 (PDF)

Die Autorin: Yvonne Joosten ist seit über 20 Jahren erfolgreiche Journalistin und
Autorin. Sie hat über 50 Sachbücher zu den Themenbereichen Feste und Bräuche,
Beruf und Karriere, Freizeit und Hobby sowie Sprache veröffentlicht.

Bei humboldt sind weitere Bücher der Autorin erhältlich:
Die schönsten Reden für Hochzeiten und Hochzeitstage (ISBN 978-3-86910-017-3)
Die schönsten Reden für Familienfeiern (ISBN 978-3-86910-021-0)
Die schönsten Reden für Feste und Jubiläen (ISBN 978-3-89994-147-0)

2., vollständig aktualisierte Auflage

© 2010, 2012 humboldt
Ein Imprint der Schlüterschen Verlagsgesellschaft mbH & Co. KG,
Hans-Böckler-Allee 7, 30173 Hannover
www.schluetersche.de
www.humboldt.de

Lektorat: Eckhard Schwettmann, Gernsbach
Covergestaltung: DSP Zeitgeist GmbH, Ettlingen
Innengestaltung: akuSatz Andrea Kunkel, Stuttgart
Titelfoto: Matton Images / pixland
Satz: PER Medien+Marketing GmbH, Braunschweig
Druck: Grafisches Centrum Cuno GmbH & Co. KG, Calbe

Hergestellt in Deutschland.
Gedruckt auf Papier aus nachhaltiger Forstwirtschaft.

Inhalt

Vorwort

„Aphorismen sind Hobelspäne vom Baum der Erkenntnis",
sagt treffend der deutsche Lyriker Hanns-Hermann Kersten. Mit wenigen Worten einen geistreichen Gedanken zu
einer neuen Einheit zusammenfassen, das ist es, was einen
guten Spruch ausmacht. Im besten Sinne erfüllt ein treffender Aphorismus den Anspruch guter Literatur: Er will
nützen und erfreuen (prodesse et delectare).
Zu besonderen Ereignissen wie Hochzeiten, die, wie das
Wort „Hoch"-Zeit (mhd. hôchgezît) schon sagt, zu den
wichtigsten Ereignissen im Leben eines Menschen gehören, sind auch besondere Worte angebracht.

In diesem Buch habe ich prägnante, kluge und witzige
Zitate von über 350 berühmten Dichtern, Philosophen,
Malern, Politikern und Schauspielern zusammengetragen. Neben Klassikern wie Goethe, Fontane oder Mörike
kommen auch geistvolle Spötter wie Tucholsky, Kraus oder
Schopenhauer zu Wort. Lebendig und witzig zeigen sich
Jean Paul Belmondo, Hannelore Elsner und Woody Allen.
Tiefsinnig und mit oft überraschender Wendung überzeugen beispielsweise Rabindranath Tagore und Michel
Eyquem de Montaigne.
Ich habe die Zitate zum einen nach ihrer Verwendbarkeit
für Hochzeitsreden, Einladungskarten und Einträge in Gäs-

tebücher ausgewählt und zum anderen nach ihrem geistigen „Genussfaktor": Bei der „ultra-modernen" Aussage eines antiken Dichters oder dem romantischen Geständnis eines Hard-Rock-Musikers hatte ich den Leser im Blick, der sich gern von guten Aphorismen anregen lässt. Es lag mir daran, Bekanntes neben Unbekanntes zu stellen und auch gegensätzliche Positionen zur Sprache kommen zu lassen.

Damit Sie je nach Anlass gezielt „Ihren" Spruch heraussuchen können, habe ich die Zitate in 24 Kapitel aufgeteilt, die inhaltlich neun Themenbereichen angehören.

Als Erstes sind hier die Aphorismen zur Hochzeit zu nennen. Die Kapitel „Der schönste Tag" und „Wenn zwei sich trauen" enthalten Gedanken rund ums Heiraten. In den Abschnitt „Einander anvertraut" habe ich Trausprüche aufgenommen und unter „Hoch sollen Sie leben" finden alle diejenigen, die eine Rede auf das Brautpaar halten wollen, treffende, kluge und witzige Zitate. Aber auch an das Brautpaar selbst habe ich natürlich gedacht. Unter „Esst, Freunde, trinkt" finden die frischgebackenen Eheleute Bonmots für ihre Dankesrede an die Gäste.
Danach kommen warnende Stimmen zu Wort. In den Kapiteln „Wer mit dem Feuer spielt" und „Glück und Glas" melden sich Grübler und Zweifler und natürlich auch neidische Zeitgenossen. Pikante Würze für Hochzeitsreden, die Gefahr laufen, zu überschwänglich glücklich zu geraten.

Gedanken zur Ehe – mal ernst, mal augenzwinkernd – habe ich in den Absätzen „Liebe geht durch den Magen", „Zwei bessere Hälften" und „Auf Treu und Glauben" zusammengeführt. Neben Ratschlägen und Erfahrungen altbewährter Eheleute geht es hierin auch um Antworten auf die Grundsatzfrage, was eine Ehe letztlich zusammenhält.

Anschließend ist die Liebe an der Reihe. Unter „Herz ist Trumpf", „Reich mir die Hand, mein Leben", „Die Kunst zu lieben" und „Mitten ins Herz" werden Verliebte fündig: Gefühlvolle Worte für Liebesgrüße auf Karten, E-Mails und SMS-Nachrichten. Das Kapitel „Dû bist mîn, ich bin dîn" enthält Perlen aus dem Schatzkästchen der Minnesänger.

Wo Liebe herrscht, sind Lust und Leidenschaft nicht weit. Unter „Rote Lippen", „Feuer und Flamme" und „Mach's noch einmal, Sam" wird die sinnliche Seite einer Hochzeit angesprochen.

Witziges, Nachdenkliches und natürlich auch Bissiges über Mann und Frau habe ich in den Kapiteln „Die beste Ehefrau von allen" und „Wann ist ein Mann ein Mann?" zusammengetragen. Eine Fundgrube für Freunde und Geschwister des Festpaares, die einen von beiden ein wenig aufs Korn nehmen wollen.

Glück und Freude dürfen auf keiner Hochzeit fehlen und sollen auch den weiteren Lebensweg der Brautleute begleiten. Gute Gedanken und Wünsche hierzu finden Sie unter „Auf Wolke sieben" und „Freude, schöner Götterfunken".

Viele Brautleute erwarten oder haben bereits Nachwuchs. Im Kapitel „Kinder, Kinder" nehme ich auf Freud und Leid von Eltern Bezug. Die Bonmots dürften auch Nicht-Eltern erheitern.

Wer bis jetzt immer noch keinen zutreffenden Spruch gefunden hat, der schaue sich das Kapitel „Ein jegliches hat seine Zeit" einmal genauer an. Hier finden sich Wahrheiten und Weisheiten über das Leben, die sich gerade zur Hochzeit einem jungen Brautpaar gut mit auf den Weg geben lassen.

Es war mir wichtig, in diesem Buch möglichst alle Aspekte dessen aufzuführen, was eine Hochzeit in ihrem Wesen ausmacht, damit jeder Leser „sein" Lieblingszitat findet.

Yvonne Joosten

Der schönste Tag

Sprüche rund ums Heiraten

Eine Hochzeit ist eine Landung, die wie ein Start aussieht.

Paul Hubschmid (1917),*
schweiz. Schauspieler

Jeder Mensch begegnet einmal dem Menschen
seines Lebens,
aber nur wenige erkennen ihn rechtzeitig.

Gina Kaus (1894–1984),
österr.-amerik. Schriftstellerin

Der Hochzeitstag ist der entscheidendste Tag im Leben
… nicht nur der Frauen.

Carl Hilty (1833–1909),
schweiz. Strafrechtslehrer und Evangelisator

Der einzige Entschuldigungsgrund für eine Liebesheirat
ist die unüberwindliche gegenseitige Zuneigung.

George Bernard Shaw (1856–1950),
irischer Schriftsteller

Es geht doch nichts über eine richtige Ehe.

Theodor Fontane (1819–1898),
dt. Schriftsteller und Journalist

Wenn zwei Menschen einsehen,
dass sie nicht mehr gute Freunde sein können,
dann heiraten sie.

Maurice Dekobra,
eigtl. Ernest M. Tessier (1885–1973),
franz. Schriftsteller

Heiraten ist eine wunderbare Sache,
solange es nicht zur Gewohnheit wird.

William Somerset Maugham (1874–1965),
engl. Erzähler u. Dramatiker

Heirat ist nicht das Happy End,
sondern immer erst ein Anfang.

Federico Fellini (1920–1993),
ital. Filmregisseur

Heiraten ist, wenn man die Wahrheit prüft, ein Übel,
aber ein notwendiges Übel.

Menander (342–291 v. Chr.),
griech. Dramatiker u. Komödiendichter

Ratsam ist und bleibt es immer
für ein junges Frauenzimmer,
einen Mann sich zu erwählen
und womöglich zu vermählen.
Erstens: Will es so der Brauch.
Zweitens: Will man's selber meistens auch.
Drittens: Man bedarf der Leitung
und der männlichen Begleitung;
weil bekanntlich manche Sachen,
welche große Freude machen,
Mädchen nicht allein verstehen;
als da ist: Ins Wirtshaus gehn.

Wilhelm Busch (1832–1908),
dt. Maler, Zeichner und Dichter

Die Heiratsurkunde ist ein Führerschein,
den man vor der Fahrprüfung erhält.

Wolfram Weidner (* 1925),
dt. Journalist

Die Hochzeit ist der Hauptgrund für Ehescheidungen.

Jerry Lewis (* 1926),
eigtl. Joseph Levitch,
amerik. Schauspieler, Regisseur und Produzent

Der Mann ist zum Heiraten gar nicht das Wichtigste,
sondern der Mut.

Waltraut Haas (* 1934),
österr. Schauspielerin

Das Gefühl braucht Opposition.
Wenn man schon aus Liebe heiratet,
sollten wenigstens die Eltern dagegen sein.

Hermann Bahr (1863–1934),
österr. Schriftsteller

Aber die Ehe – natürlich als freier Bund der Liebe –
ist durch sich selbst, durch die Natur der Verbindung,
die hier geschlossen wird, heilig.

Ludwig Andreas Feuerbach (1804–1872),
dt. Philosoph

Charles Darwin nahm ein großes Stück Papier,
malte darauf eine Senkrechte und eine Waagerechte.
Links notierte er „Heiraten",
rechts notierte er „Nicht heiraten".
Unter den Vorteilen notierte er „Trautes Heim,
Reiz des weiblichen Plauderns, gut versorgt sein."
Unter „Nicht heiraten" schrieb er
„Zeitverlust, viele Störungen, Zwang zum Geldverdienen."
Darunter zog er einen Saldo und schrieb:
„Es gibt viele glückliche Sklaven."
Und Charles Darwin heiratete.

Unbekannt

Das Einfangen eines Bräutigams ist in Italien
ein Kommandounternehmen, an dem sich
die ganze Familie beteiligt.

Marcello Mastroianni (1924–1996),
ital. Bühnen- u. Filmschauspieler

Raum ist in der kleinsten Hütte
für ein glücklich liebend Paar.

Friedrich von Schiller (1759–1805),
dt. Dichter

Es ist nicht gut,
dass der Mensch allein sei.

1. Mose 2,18

Du bist zeitlebens für das verantwortlich,
was du dir vertraut gemacht hast.

Antoine de Saint-Exupéry (1900–1944),
franz. Flieger u. Schriftsteller

Die Ehe wäre die schönste Sache der Welt,
wenn es mehr Kür und weniger Pflicht gäbe.

Jeanne Moreau (* 1928),
franz. Schauspielerin, Filmregisseurin u. Sängerin

Denn wo das Strenge mit dem Zarten,
Wo Starkes sich und Mildes paarten,
Da gibt es einen guten Klang.

Friedrich von Schiller (1759–1805),
dt. Dichter

Gleiches Blut,
gleiches Gut
und gleiche Jahre
geben die besten Ehejahre.

Deutsches Sprichwort

Die Ehen werden im Himmel geschlossen
und auf Erden vollzogen.

Französisches Sprichwort

Arm in Arm mit dir,
So fordr' ich mein Jahrhundert in die Schranken.

Friedrich von Schiller (1759–1805),
dt. Dichter

Auf Wolke sieben

Zitate über das Glück

Glück ist,
sich von dem Menschen, den man liebt,
verstanden zu fühlen.

Zenta Maurina (1897–1978),
lettische Schriftstellerin

Glück ist die Gesundheit der Seele.

Hans Lohberger (1920–1979),
österr. Dichter und Aphoristiker

Freude an kleinen Dingen:
Mit diesem Schlüssel kannst du
überall und allezeit glücklich sein.

Phil Bosmans (* 1922),
belg. Ordenspriester,
Telefonseelsorger u. Schriftsteller

Die Ehe ist ein Souvenir der Liebe.

Helen Rowland (1875–1950),
amerik. Schriftstellerin

Das wahre Glück baut sich jeder nur dadurch,
dass er sich durch seine Gefühle
unabhängig vom Schicksale macht.

Wilhelm von Humboldt (1767–1835),
dt. Philosoph u. Philologe, preuß. Staatsmann

Das Glück der Liebe:
Sich vor dem anderen ganz aussprechen dürfen.
Das Geheimnis der Liebe:
Vieles unausgesprochen lassen.

Sigmund Graff (1898–1979),
dt. Aphoristiker u. Bühnenschriftsteller

Das Geheimnis einer glücklichen Ehe besteht darin,
Katastrophen als Zwischenfälle und
Zwischenfälle nicht als Katastrophen zu behandeln.

Sir Harold George Nicolson (1886–1986),
brit. Diplomat und Schriftsteller

Das Glück ist blind.

Marcus Tullius Cicero (106–43 v. Chr.),
röm. Redner, Politiker u. Schriftsteller

Wer Freude genießen will, muss sie teilen:
Das Glück wurde als Zwilling geboren.

George Lord Byron (1788–1824),
engl. Dichter

Glück ist Liebe, nichts anderes.
Wer lieben kann, ist glücklich.

Hermann Hesse (1877–1962),
dt. Schriftsteller

Glück ist etwas, das man auch dann schenken kann,
wenn man es selbst nicht hat.

Ricarda Huch (1864–1947),
dt. Schriftstellerin

Glück kommt nie …
… zu spät.

Michael Drayton (1563–1631),
engl. Schriftsteller

Alle Gelegenheit, glücklich zu werden, hilft nichts,
wer den Verstand nicht hat, sie zu benutzen.

Johann Peter Hebel (1760–1826),
dt. Dichter

Glücklich ist nicht, wer anderen so vorkommt,
sondern wer sich selbst dafür hält.

Seneca (4 v. Chr.–65 n. Chr.),
röm. Politiker, Philosoph u. Schriftsteller

Der Anblick des Glücklichen macht froh,
das Bewusstsein, einen glücklich gemacht zu haben,
macht selig.

Theodor Gottlieb von Hippel (1741–1796),
dt. Schriftsteller

Glück zu ertragen ist nicht jedermanns Sache.

Aristoteles (384–322 v. Chr),
griech. Philosoph

Oft besteht der Unterschied
zwischen einer glücklichen Ehe
und einer mittelmäßigen nur darin,
drei Dinge am Tag ungesagt zu lassen.

Unbekannt

Es gibt kein Licht, das nur sich selber leuchtet.
Ein jedes Glück erhellt die Welt.

Hans Margolius (1902–1984),
dt. Philosoph

Das gemeinsame Glück zweier Menschen ist nichts anderes
als zwei kleine, nebeneinander geritzte Striche
in die Unendlichkeit.

Robert Musil (1880–1942),
österr. Erzähler, Dramatiker u. Essayist

Jede Zeit ist umso kürzer,
je glücklicher man ist.

Plinius d. J. (um 62–113 n. Chr.),
röm. Schriftsteller

Das Glück ist eine leichtfertige Person,
die sich stark schminkt und von ferne schön ist.

Ferdinand Jakob Raimund (1790–1836),
österr. Schriftsteller u. Schauspieler

Ich wäre heute nicht so glücklich,
wenn ich gestern nicht so unglücklich gewesen wäre.

Johann Heinrich Pestalozzi (1746–1827),
schweiz. Pädagoge u. Schriftsteller

In den meisten Fällen ist Glück kein Geschenk,
sondern ein Darlehen.

Albrecht Goes (1908–2000),
dt. Schriftsteller

Ein wenig Hilfe will das Glück gern haben.

Norwegisches Sprichwort

Das Glück ist ein Mosaikbild,
das aus lauter unscheinbaren kleinen Freuden
zusammengesetzt ist.

Daniel Spitzer (1835–1893),
österr. Feuilletonist und Erzähler

Glück ist,
wenn man zusieht, wie die Zeit vergeht,
und hofft, dass sie für einen arbeitet.

Werner Finck (1902–1978),
dt. Kabarettist, Theater- und Filmschauspieler

Suche das Glück nicht mit dem Fernrohr.

Isländisches Sprichwort

Darf man von der Liebe auch das Glück erwarten?
Von einem Gefühl, das weder der zu meistern vermag,
der es einflößt, noch der, der es empfindet?

Julie de Lespinasse (1732–1776),
franz. Schriftstellerin

Wo man Liebe aussät,
da wächst Freude empor!

William Shakespeare (1564–1616),
engl. Dichter, Dramatiker u. Schauspieler

Man muss Freude säen,
wenn man Glück ernten will.

Erich Limpach (1899–1965),
dt. Dichter, Aphoristiker

Glück ist, Menschen zu finden,
die mit uns fühlen und empfinden.

Ruth Leuwerik (1926),*
dt. Schauspielerin

Das verdammte Glück!
Ohne das kann man nicht einmal ein guter Spitzbube sein.

Gotthold Ephraim Lessing (1729–1781),
dt. Schriftsteller, Kritiker u. Philosoph

Das Glück lenkt alles zum Vorteil seiner Günstlinge.

François de La Rochefoucauld (1613–1680),
franz. Offizier, Diplomat u. Schriftsteller

Das Glück ist da,
wo man es hinträgt.

Honoré de Balzac (1799–1850),
franz. Schriftsteller

Es fällt niemanden ein,
von einem Einzelnen zu verlangen, dass er glücklich sei.
Heiratet aber einer, so ist man sehr erstaunt,
wenn er es nicht ist!

Rainer Maria Rilke (1875–1926),
österr. Schriftsteller

Vor acht Jahren ist das Glück in Form meines Mannes
zur Tür hereingekommen.
Mein Mann ist immer noch da.

Tina Teubner (1966),*
dt. Chansonnière, Musikerin und Kabarettistin

Herz ist Trumpf

Sprüche mit Herz

Nicht da ist man daheim,
wo man seinen Wohnsitz hat,
sondern wo man verstanden wird.

Christian Morgenstern (1871–1914),
dt. Dichter

Das Leben ist wundervoll.
Es gibt Augenblicke, da möchte man sterben.
Aber dann geschieht etwas Neues,
und man glaubt, man sei im Himmel.

Édith Piaf,
eigtl. É. Giovanna Gassion (1915–1963),
franz. Chansonsängerin

Wenn ein Herz sich um ein anderes müht,
ist immer ein Wunder dabei.

Ernst Wiechert (1887–1950),
dt. Schriftsteller

Man sieht nur mit dem Herzen gut,
das Wesentliche ist für die Augen unsichtbar.

Antoine de Saint-Exupéry (1900–1944),
franz. Flieger und Schriftsteller

Wenn die Menschen sagen,
sie hätten ihr Herz verloren,
ist es meistens nur der Verstand.

Robert Lembke (1913–1989),
dt. Journalist u. TV-Moderator

Verstand ohne Gefühl ist unmenschlich,
Gefühl ohne Verstand ist Dummheit.

Egon Bahr (* 1922),
dt. Politiker

Mancher findet sein Herz nicht eher,
als bis er seinen Kopf verliert.

Friedrich Wilhelm Nietzsche (1844–1900),
dt. Altphilologe u. Philosoph

Vertrauen ist eine Oase im Herzen,
die von der Karawane des Denkens nie erreicht wird.

Khalil Gibran (1883–1931),
liban. Schriftsteller und Maler

Nicht was wir erleben,
sondern wie wir empfinden, was wir erleben,
macht unser Schicksal aus.

Marie von Ebner-Eschenbach (1830–1916),
österr. Schriftstellerin

Wer oft sein Herz ausschüttet,
darf sich nicht wundern,
dass es allmählich leer wird.

Ruth Leuwerik (1926),*
dt. Schauspielerin

Freude öffnet, Traurigkeit verschließt das Herz.
Weniger harte Strenge gegen den Körper,
aber mehr zarte Liebe im Herzen.

Franz von Sales (1567–1622),
franz. kath. Theologe und Ordensstifter

Im Spiel des Lebens
ist der höchste Trumpf das Herz

Johann Wilhelm Ritter (1776–1810),
dt. Physiker

Eine schöne Frau gefällt den Augen,
eine gute dem Herzen.
Die eine ist ein Kleinod,
die andere ein Schatz.

Napoléon Bonaparte (1769–1821),
Kaiser der Franzosen

Stein:
häufig für Herzen verwendetes Material

Ambrose Bierce (1842–1914),
amerik. Journalist u. Satiriker

Von zwei gleich gescheiten Menschen wird derjenige
den weiteren Horizont haben, der mehr Herz hat.
Mit anderen Worten: Wärme dehnt aus.

Egon Friedell (1878–1938),
österr. Schriftsteller, Theaterkritiker u. Schauspieler

Der Mensch ist ein feinfühliges Wesen.
Er hat nur zwei Beine, aber ein Herz, worin sich ein Heer
von Gedanken und Empfindungen wohlgefällt.
Man könnte den Menschen mit einem wohlangelegten
Lustgarten vergleichen.

Robert Walser (1878–1956),
schweiz.. Schriftsteller

Das Herz gibt allem, was der Mensch sieht, hört und weiß,
die Farbe.

Johann Heinrich Pestalozzi (1746–1827),
schweiz. Pädagoge u. Schriftsteller

Die am meisten lieben, sprechen am wenigsten.

Schottisches Sprichwort

Wenn ein Herz sich um ein anderes müht,
ist immer ein Wunder dabei.

Ernst Wiechert (1887–1950),
dt. Schriftsteller

Einander anvertraut

Die schönsten Trausprüche

Vor allem haltet fest
an der Liebe zueinander.

1 Petrus 4,8

Die Liebe gleicht einem Ring
und der Ring hat kein Ende.

Brasilianisches Sprichwort

Lege mich wie ein Siegel auf dein Herz,
wie ein Siegel auf deinen Arm.
Denn Liebe ist stark wie der Tod
und Leidenschaft unwiderstehlich wie das Totenreich.
Ihre Glut ist feurig und eine Flamme des Herrn,
so dass auch viele Wasser die Liebe nicht auslöschen
und Ströme sie nicht ertränken.

Hohes Lied 8, 6–7a

Lasst uns aufeinander Acht haben
und uns zur Liebe und zu guten Werken anspornen.

Hebräer 10,24

Die Liebe hemmet nichts;
sie kennt nicht Tür noch Riegel,
und dringt durch alles sich;
sie ist ohn' Anbeginn,
schlug ewig ihre Flügel,
und schlägt sie ewiglich.

Matthias Claudius (1740–1815),
dt. Dichter u. Journalist

Es ist mit der Liebe auch wie mit anderen Pflanzen:
Wer Liebe ernten will, muss Liebe pflanzen.

Jeremias Gotthelf (1797–1854),
schweiz. Pfarrer u. Schriftsteller

Die Liebe ist langmütig,
die Liebe ist gütig.
Sie ereifert sich nicht,
sie prahlt nicht,
sie bläst sich nicht auf.
Sie handelt nicht ungehörig,
sucht nicht ihren Vorteil,
lässt sich nicht zum Zorn reizen,
trägt das Böse nicht nach.
Sie freut sich nicht über das Unrecht,
sondern freut sich an der Wahrheit.
Sie erträgt alles,
glaubt alles,
hofft alles,
hält allem stand.
Die Liebe hört niemals auf.

1 Korinther 13, 4–8a

Wo du hingehst,
da will ich auch hingehen;
wo du bleibst,
da bleibe ich auch.
Dein Volk ist mein Volk
und dein Gott ist mein Gott.

Rut 1,16

Die Seele kann nicht leben ohne Liebe,
sie muss etwas lieben,
sie ist aus Liebe geschaffen.

Katharina von Siena (1347–1380),
Dominikanerin, Mystikerin

Alle eure Dinge
Lasst in der Liebe geschehen!

1 Korinther 16,14

Dass Güte und Treue einander begegnen,
Gerechtigkeit und Friede sich küssen.

Psalm 85,11

Lass die Liebe in Deinem Herzen wurzeln,
und es kann nur Gutes daraus hervorgehen.

Aurelius Augustinus (345–430),
Kirchenlehrer

Das große Glück der Liebe besteht darin,
Ruhe in einem anderen Herzen zu finden.

Julie de Lespinasse (1732–1776),
franz. Schriftstellerin

Ertragt einander in Liebe
und seid darauf bedacht,
zu wahren die Einigkeit im Geist
durch das Band des Friedens.

Epheser 4,2b–3

Wer den anderen liebt,
lässt ihn gelten so,
wie er ist,
wie er gewesen ist
und wie er sein wird.

Unbekannt

Der Mensch wird am Du zum Ich.

Martin Buber, eigtl. Martin Mordechai Buber (1878–1965),
österr.-israel. Religionsphilosoph

Ehe ist nie ein Letztes,
sondern Gelegenheit zum Reifwerden.

Johann Wolfgang von Goethe (1749–1832),
dt. Dichter

Die Ehe ist eine Brücke,
die man täglich neu bauen muss,
am besten von beiden Seiten.

Ulrich Beer (1932)*
dt. Psychologe u. Schriftsteller

Darum verlässt der Mann Vater und Mutter
und bindet sich an seine Frau,
und sie werden ein Fleisch.

Aus dem Buch Genesis 2,24

Das ist mein Gebot:
Liebt einander,
so wie ich euch geliebt habe.

Aus dem Johannes-Evangelium 15,12

Sie sind also nicht mehr zwei, sondern eins.
Was aber Gott verbunden hat,
das darf der Mensch nicht trennen.

Aus dem Matthäus-Evangelium 19,6

Dû bist mîn, ich bin dîn

Aus dem Schatzkästchen der Minnesänger

Swâ zwei herzeliep gefriundent sich
unde ir beider minne em triuwe wirt,
die sol niemen scheiden, dunket mich,
al die wîle unz si der tôt verbirt.
wær diu rede mîn, ich tæte alsô:
verlüre ich mînen friunt,
seht, sô wurde ich niemer mêre frô.

Albrecht von Johansdorf
(urkundl. bezeugt zwischen 1180 und 1209),
dt. Dichter

Wo sich zwei Herzen gefunden haben
und ihrer beider Liebe zu einer Treue wird,
die, dünkt mir, soll niemand scheiden,
solange sie der Tod verschont.
Wenn es mich beträfe, dann verhielt ich mich so:
Verlöre ich meine Geliebte,
seht, so würde ich niemals mehr froh.

Albrecht von Johansdorf
(urkundl. bezeugt zwischen 1180 und 1209),
dt. Dichter

Die wichtigste Stunde
ist immer die Gegenwart.
Der bedeutendste Mensch
ist immer der,
der dir gerade gegenübersteht.
Das notwendigste Werk
ist stets die Liebe.

Meister Eckhart (um 1260–1327),
dt. Dominikaner, Mystiker

Wer gab dir, Liebe, die Gewalt,
Dass du so allgewaltig bist?
Du zwingest beide, jung und alt,
Dagegen gibt es keine List.

Walther von der Vogelweide (um 1170– 1230),
dt. Dichter

Hat ein Herz
getreue Sinne,
so wird's nimmer
frei von Minne,
sei's zur Wonne,
sei's zur Pein;
wahre Minn'
ist Treu allein.

Wolfram von Eschenbach (um 1170/80–1220),
dt. Dichter

Dû bist mîn, ich bin dîn.
Des solt dû gewis sîn.
Dû bist beslozzen
in mînem herzen;
verlorn ist das sluzzelîn:
dû muost ouch immer darinne sîn.

Unbekannt

Du bist mein, ich bin dein.
Dessen sollst Du gewiss sein.
Du bist eingeschlossen
in meinem Herzen;
verloren ist das Schlüsselein:
Du musst nun immer darinnen sein.

Unbekannt

Unsere Liebe
soll kein verstohlenes, gebrechliches Glück bedeuten.

Unbekannt

In der Liebe ist jede Erwartung unsicher:
Sie bestätigt sich oder tut es nicht.
Wer liebt, braucht beständige Tugend.

Unbekannt

Unter der Linde

Unter der Linde auf der Heide,
wo unser beider Lager war,
da könnt ihr finden, schön gepflückt,
Blumen und Gras.
Vor dem Wald in einem Tal,
tandaradei,
sang schön die Nachtigall.
Ich kam zu der Aue gegangen,
da war mein Liebster schon dort.
Da wurde ich empfangen, heilige Jungfrau,
dass ich für allezeit glücklich bin.
Küsste er mich? Wohl tausendmal:
tandaradei,
seht, wie rot mein Mund ist.
Da hatte er so herrlich vorbereitet
eine Lagerstatt aus Blumen.
Darüber wird noch herzlich lachen,
wer an diesem Ort vorbeikommt.
An den Rosen mag er,
tandaradei,
sehen, wo mein Kopf gelegen hat.
Dass er bei mir lag, wüsste es jemand
(Gott verhüte es!), so schämte ich mich.
Was er mit mir tat, das soll niemals jemand
erfahren außer ihm und mir,
und einem kleinen Vögelein,
tandaradei;
das wird wohl verschwiegen sein.

Walther von der Vogelweide (um 1170–1230), dt. Dichter

Unter der Linden

Under der linden an der heide,
dâ unser zweier bette was,
Dâ mugt ir vinden schône beide
gebrochen bluomen unde gras.
Vor dem walde in einem tal,
tandaradei,
schône sanc diu nahtegal.
Ich kam gegangen zuo der ouwe:
dô was mîn friedel komen ê.
Dâ wart ich enpfangen, hêre frouwe,
daz ich bin sælic iemer mê.
Kuste er mich? wol tûsentstund,
tandaradei,
seht wie rôt mir ist der munt.
Dô her er gemachet alsô rîche
von bluomen eine bettestat.
Des wirt noch gelachet inneclîche,
kumt iemen an daz selbe pfat.
Bî den rôsen er wol mac,
tandaradei,
merken wâ mirz houbet lac.
Daz er bî mir læge, wessez iemen
(nu enwelle got!), sô schamt ich mich.
Wes er mit mir pflæge, neimer niemen
bevinde daz wan er und ich,
und ein kleinez vogellîn,
tandaradei,
daz mac wol getruiwe sîn.

Walther von der Vogelweide (um 1170–1230), dt. Dichter

Reich mir die Hand, mein Leben

Aphorismen für Liebende

Die großen Tugenden
machen einen Menschen bewundernswert,
die kleinen Fehler
machen ihn liebenswert.

Pearl S. Buck,
eigentl. Pearl Sydensticker Buck (1892–1973),
amerik. Schriftstellerin

Wenn ich dein bin,
bin ich erst ganz mein.

Michelangelo,
eigtl. Michelangiolo Buonarroti Simonii (1475–1564),
ital. Maler, Bildhauer, Architekt u. Dichter

Du bist die Ruh',
Der Friede mild,
Die Sehnsucht du
Und was sie stillt.

Friedrich Rückert (1788–1866),
dt. Dichter

Die ganze Kunst der Liebe
beruht darauf, dass man ausspricht,
was der Zauber des Augenblicks fordert.

Stendhal, eigtl. Marie Henri Beyle (1783–1842),
franz. Schriftsteller

Liebe ist die gemeinsame Freude
an der wechselseitigen Unvollkommenheit.

Ludwig Börne, eigtl. Löb Baruch (1786–1837),
dt. Schriftsteller u. Publizist,

Ich liebe Sie, der Sie mir das Notwendige
und das Überflüssige sind.

Simone de Beauvoir (1908–1986),
franz. Schriftstellerin

Liebe ist das Einzige, was wächst,
indem wir es verschwenden.

Ricarda Huch (1864–1947),
dt. Schriftstellerin

Seit ich Ihnen begegnet bin,
habe ich Sie mehr bewundert
als irgendein Mädchen, dem ich begegnet bin,
seit ich Ihnen begegnet bin.

Oscar Wilde,
eigtl. Oscar Fingall O'Flahertie Wills (1854–1900),
irischer Lyriker u. Bühnenautor

Wer aber tiefer erkennt,
der liebt auch tiefer.

Katharina von Siena (1347–1380),
Dominikanerin, Mystikerin

Wir sind Engel mit nur einem Flügel.
Um fliegen zu können, müssen wir uns umarmen.

Luciano de Creszenzo (1928),*
ital. Schriftsteller

Um einen guten Liebesbrief zu schreiben,
musst du anfangen, ohne zu wissen, was du sagen willst,
und endigen, ohne zu wissen, was du gesagt hast.

Jean-Jacques Rousseau (1712–1778),
franz.-schweiz. Philosoph u. Schriftsteller

Liebe ist, dem geliebten Wesen
Recht zu geben, wenn es Unrecht hat.

Charles Pierre Peguy (1873–1914),
franz. Schriftsteller

Liebe ist die Poesie der Sinne.

Honoré de Balzac (1799–1850),
franz. Schriftsteller

Ein Tropfen Liebe ist mehr
als ein Ozean an Wille und Verstand.

Blaise Pascal (1623–1662),
franz. Mathematiker, Physiker u. Philosoph

Ich glaube, den Menschen begrenzt, was er liebt.
Wir reichen so weit wie unsere Liebe.

Lotte Ingrisch (* 1930),
österr. Schriftstellerin

Das eben ist der Liebe Zaubermacht,
dass sie veredelt, was ihr Hauch berührt,
der Sonne ähnlich, deren goldner Strahl
Gewitterwolken selbst in Gold verwandelt.

Franz Grillparzer (1791–1872),
österr. Dichter

Die Liebe ist der Stoff, den die Natur gewebt
und die Phantasie bestickt hat.

Voltaire, eigtl. François-Marie
Arouet (1694–1778),
franz. Schriftsteller und Philosoph

Liebe ist ein privates Weltereignis.

Alfred Polgar (1875–1955),
österr. Schriftsteller

Einen Menschen zu nehmen, wie er ist,
ist noch gar nichts, das muss man immer.
Die wirkliche Liebe besteht darin,
ihn auch zu wollen, wie er ist.

Alain, eigtl. Émile Chartrier (1868–1951),
franz. Philosoph u. Schriftsteller

Der Geist baut das Luftschiff,
die Liebe aber macht gen Himmel fahren.

Christian Morgenstern (1871–1914),
dt. Dichter

Liebe ist von allen Krankheiten noch die gesündeste.

Euripides (um 480–406 v. Chr.),
griech. Tragödiendichter

Jemanden lieben heißt, glücklich sein, ihn zu sehen.

Henri Duvernois (1875–1937),
franz. Journalist, Kritiker u. Satiriker

Liebe ist die Kraft, nicht nur die eigene,
sondern auch die Unvollkommenheit eines anderen
lebenslang zu ertragen.

Ron Kritzfeld (* 1921),
dt. Chemiekaufmann

Jeder geliebte Mensch ist der Mittelpunkt eines Paradieses.

Novalis,
eigtl. Georg Philipp Friedrich Freiherr von Hardenberg
(1772–1801), dt. Dichter

Liebe ist die Fähigkeit, Ähnliches
an Unähnlichem wahrzunehmen.

Theodor W. Adorno (1903–1969),
dt. Philosoph, Soziologe, Musiktheoretiker u. Komponist

Ja! Eine Sonne ist der Mensch,
allsehend, allverklärend, wenn er liebt,
und liebt er nicht, so ist er eine dunkle Wohnung,
wo ein rauchend Lämpchen brennt.

Friedrich Hölderlin (1770–1843),
dt. Dichter

Otto von Bismarck schrieb 1851 an seine Gattin:
„Denn ich habe dich geheiratet, um in der fremden Welt
eine Stelle für mein Herz zu haben, die all ihre dürren
Winde nicht erkälten kann und an der ich die Wärme des
heimatlichen Kaminfeuers finde, an das ich mich dränge,
wenn es draußen stürmt und friert."

Otto von Bismarck (1815–1898),
preuß.-dt. Staatsmann, Gründer d. Dt. Reiches
u. dessen erster Kanzler

Wo es keine Liebe gibt,
dort gibt es auch keinen Verstand.

Fjodor Michajlowitsch Dostojewskij (1821–1881),
russ. Dichter

Tadelt man, dass wir uns lieben,
Dürfen wir uns nicht betrüben,
Tadel ist von keiner Kraft.
Andern Dingen mag das gelten;
Kein Mißbilligen, kein Schelten
Macht die Liebe tadelhaft.

Johann Wolfgang von Goethe (1749–1832),
dt. Dichter

An den unsterblich Geliebten

Strophe 3
Alles, was ich habe, will ich dir schenken,
Alles was ich denke, will ich dir denken,
Ich will dich lieben in allen Dingen,
Meine schönsten Worte will ich dir singen,
All meine Schmerzen und Sünden will ich dir weinen.
Meiner Seligkeit Sonnen werden dir scheinen.
Was ich bin, will ich dir sein.

Francisca Stoecklin (1894–1931),
schweiz. Schriftstellerin

Eine Vermählungsanzeige ist der Vorspann eines Films,
an dem noch gedreht wird.

Wolfram Weidner (* 1925),
dt. Journalist

Die Liebe lebt von ihrer Distanz zum Objekt,
obwohl es als Streben in aller Liebe liegt,
diese Distanz zu überwinden.

Ferdinand Ebner (1882–1931),
österr. Philosoph

Rote Lippen

Was Küsse so alles bewirken

Ein Kuss ist die schönste Art,
gemeinsam den Mund zu halten.

Unbekannt

Die Küsse sind das Kleingeld der Liebe.

Mireille Mathieu (* 1946),
franz. Chanson- u. Schlagersängerin

Ein Kuss ist eine Sache, für die man beide Hände braucht.

Mark Twain,
eigtl. Samuel Langhorne Clemens (1835–1910),
amerikan. Schriftsteller u. Satiriker

Trunken vom Kuss

Trunken bin ich vom Kuss der rosigen Lippen.
Der Kuss war Nektar:
Es hauchte der Mund
Götter-Ambrosia-Duft.
Viel der Liebe hab ich getrunken.
Die Seele zerfloss mir
An dem Becher der Lust,
Atem in Atem gemischt.
Und die blitzenden Augen,
Sie zogen von Strahlen ein Netz mir
Rings um mein Herz:
Mein Herz fühlet sich gefangen noch.

Unbekannt

Ein Flirt ist das Aquarell der Liebe.

Paul Bourget (1852–1935),
franz. Schriftsteller

Erst als ich in einem Film kein einziges Mal küssen durfte,
habe ich bemerkt, dass der Mund auch zum Reden da ist.

Elke Sommer (* 1940),
dt. Schauspielerin

Mit Humor kann man Frauen
am leichtesten verführen,
denn die meisten Frauen lachen gerne,
bevor sie anfangen zu küssen.

Jerry Lewis,
eigtl. Joseph Levitch (* 1926),
amerik. Schauspieler, Regisseur und Produzent

Vielleicht wurde das Küssen erfunden,
um sich gegenseitig den Mund zu verschließen.

Sacha Guitry (1885–1957),
franz. Schauspieler, Schriftsteller u. Filmregisseur

Ein Flirt ist ein Spiel, bei dem man nicht weiß,
ob man noch in der Qualifikation ist
oder schon im Finale.

Ernst Stankowski (* 1928),
österr. Schauspieler u. Sänger

Küsse sind das, was von der Sprache
des Paradieses übrig geblieben ist.

Joseph Conrad (1857–1924),
engl. Schriftsteller poln. Herkunft

Eifersüchtig schwillt der Mond,
Sieht er unserm Kusse zu,
Kommt nach einem Monat erst
Wieder in die alte Ruh.

Türkisches Volkslied

Küsse einer Frau, die sich nicht verstellt,
bergen eine göttliche Honigsüße,
die dieser Liebesbezeigung
eine Seele zu verleihen scheint,
eine subtile Flamme,
die das Herz durchdringt.

Honoré de Balzac (1799–1850),
franz. Schriftsteller

Frauen mögen keine Angeber,
denn wer den Mund zu voll nimmt,
kann nicht küssen.

Claudia Wedekind (* 1942)
dt. Schauspielerin

Sommersprossen sind Gesichtspunkte,
die man küssen kann.

Curt Goetz (1888–1960),
dt. Bühnenautor u. Schauspieler

Küssen, das ist die Übermittlung einer Drucksache
an den Empfänger ohne Mitwirkung der Post.

Georg Thomalla (1915–1999),
dt. Schauspieler und Kabarettist

Küsse vergehen,
Kochkunst bleibt bestehen.

George Meredith (1828–1909),
engl. Schriftsteller, Lyriker u. Erzähler

Es gehört Erfahrung dazu, wie eine Anfängerin zu küssen.

Zsa Zsa Gabor (* 1917),
ungar.-amerik. Schauspielerin

Wie jener Speer des Achilles, welcher die Wunden,
die er schlug, wieder heilen konnte,
so kann der Mund des Liebenden mit seinen Küssen
auch die tödlichsten Stiche wieder heilen,
womit sein scharfes Wort das Gemüt
der Geliebten verletzt hat.

Heinrich Heine (1797–1856),
dt. Dichter u. Publizist

Zehn Küsse werden leichter vergessen als ein Kuss.

Jean Paul,
eigtl. Johann Paul Friedrich Richter (1763–1825),
dt. Dichter

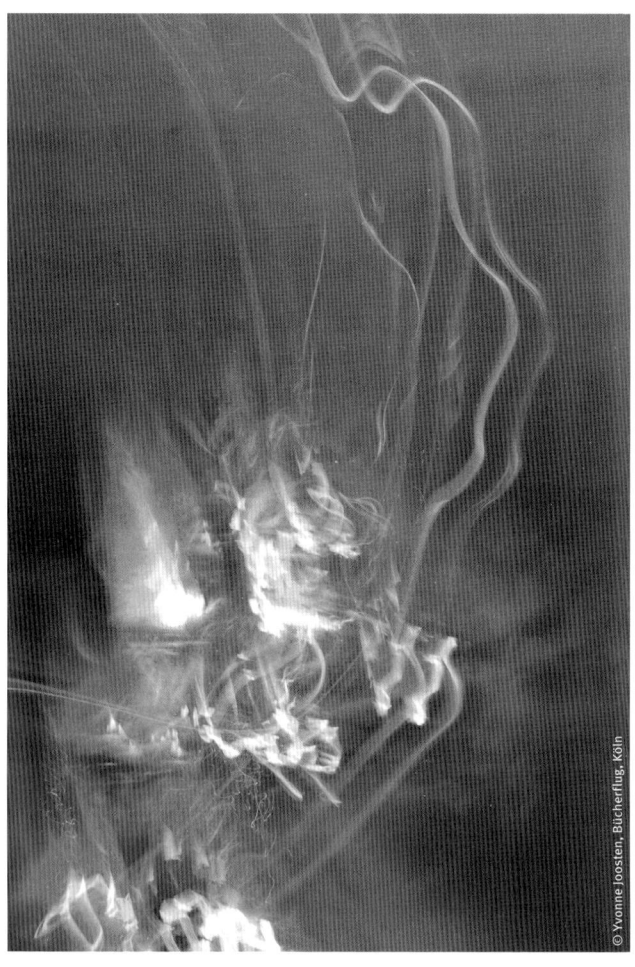

Wer mit dem Feuer spielt

Warnungen von „gebrannten Kindern"

Sie wissen, wir leben im Zeitalter der Abkürzungen.
„Ehe" ist die Kurzform für das Lateinische
„Errare humanum est" („Irren ist menschlich").

Robert Lembke (1913–1989),
dt. Journalist u. TV-Moderator

Wenn du die Bewunderung von zahlreichen Männern
gegen die Kritik eines einzelnen eintauschen willst,
dann heirate.

Katherine Hepburn (1909–2003),
amerik. Schauspielerin

Zwischenmenschliche Beziehungen sind
„mit Abstand" die besten.

Gerhard Uhlenbruck (1929),*
dt. Arzt u. Aphoristiker

Die Liebe ist eine Gleichung mit zwei Unbekannten.

Gerhard Branstner (* 1927),
dt. Politiker u. Schriftsteller

Liebe auf den ersten Blick:
Augenaufschlag, der schon manchen teuer zu stehen kam.

Ron Kritzfeld (* 1921),
dt. Chemiekaufmann

Als Bräutigam verspricht der Mann der Braut
Glück in der Ehe.
Als Ehemann fordert er es von ihr.

Unbekannt

In der Liebe gibt es zweierlei Übel:
Krieg und Frieden.

Horaz, lat. Quintus Horatius Flaccus
(65–8 v. Chr.), röm. Dichter

Die Ehe ist ein viel zu interessantes Experiment,
um es nur einmal zu versuchen.

Rita Hayworth,
eigtl. Margarita Carmen Cansino (1919–1987),
amerik. Tänzerin u. Filmschauspielerin

Die Liebe ist so unproblematisch wie ein Fahrzeug.
Problematisch sind nur die Lenker,
die Fahrgäste und die Straße.

Franz Kafka (1883–1924),
österr. Schriftsteller

Am Anfang gehören alle Gedanken der Liebe.
Später gehört dann alle Liebe den Gedanken.

Albert Einstein (1879–1955),
dt. Physiker u. Nobelpreisträger

Mein schwerster Kampf war meine erste Frau.

Muhammad Ali,
eigtl. Cassius Clay (1942),*
amerik. Boxer

Die Ehe ist die gegenseitige Zärtlichkeit
von zwei Schleifsteinen.

John Osborne (1929–1994),
brit. Dramatiker u. Schauspieler

Manche Ehen sind ein Zustand,
in dem es zwei Leute
weder mit- noch ohne einander
längere Zeit aushalten können.

Marie von Ebner-Eschenbach
(1830–1916), österr. Schriftstellerin

Ehe bedeutet in vielen Fällen lebenslängliche Doppelhaft
ohne Bewährungsfrist und Strafaufschub,
verschärft durch Fasten und gemeinsames Lager.

Jean-Paul Sartre (1905–1980),
franz. Philosoph u. Schriftsteller

Willst du gern die Tochter han,
sieh vorher dir die Mutter an.

Deutsches Sprichwort

Nimm das Glas und stoße an,
werde niemals Ehemann!
Denn als solcher, kann man sagen,
muss man viel Verdruss ertragen.

Wilhelm Busch (1832–1908),
dt. Maler, Zeichner und Dichter

Heiraten heißt, seine Rechte halbieren
und seine Pflichten verdoppeln.

Arthur Schopenhauer (1788–1860),
dt. Philosoph

Man muss unterscheiden zwischen Ehemännern
und verheirateten Junggesellen.

Erika Pluhar (* 1939),
österr. Schauspielerin u. Chansonsängerin

Den Dichter und Philosophen Spencer fragte man einmal,
als er schon sehr bejahrt war, ob er es nicht bedaure,
nicht geheiratet zu haben.
„Aber nein", erwiderte er, „mich macht der Gedanke
glücklich, dass irgendwo eine Frau lebt,
die ich hätte heiraten können und die nun glücklich ist,
dass es nicht geschehen ist."

Unbekannt

Die Ehe ist wie ein Käfig:
Man sieht die Vögel draußen verzweifelt flattern,
um reinzukommen, und die drinnen
wollen mit der gleichen Verzweiflung raus.

Michel Eyquem de Montaigne (1533–1592),
franz. Schriftsteller u. Philosoph

Ehe ist vielfach nur der Kontrakt, auf dessen Bruch
Die Unterhaltspflicht als Konventionalstrafe steht.

Karl Jaspers (1883–1969),
dt. Psychiater u. Philosoph

Viele Leute, von denen man glaubt,
sie seien gestorben, sind bloß verheiratet.

Françoise Sagan,
eigtl. Françoise Quoirez (1935–2004),
franz. Schriftstellerin

Die glückliche Ehe

Gedankt sei es dem Gott der Ehen!
Was ich gewünscht, hab' ich gesehen:
Ich sah ein recht zufriednes Paar;
Ein Paar, das ohne Gram und Reue,
Bei gleicher Lieb' und gleicher Treue
In kluger Ehe glücklich war.
Ein Wille lenkte hier zwo Seelen.
Was sie gewählt, pflegt er zu wählen,
Was er verwarf, verwarf auch sie:
Ein Fall, wo andre sich betrübten,
Stört ihre Ruhe nie. Sie liebten,
Und fühlten nicht des Lebens Müh'.
Da ihn kein Eigensinn verführte
Und sie kein eitler Stolz regierte:
So herrschte weder sie noch er.
Sie herrschten; aber bloß mit Bitten.
Sie stritten; aber wenn sie stritten,
Kam bloß ihr Streit aus Eintracht her.
So wie wir, eh' wir uns vermählen,
Uns unsre Fehler klug verhehlen,
Uns falsch aus Liebe hintergehn:
So ließen sich auch in den Zeiten
Der zärtlichsten Vertraulichkeiten
Sich nie die kleinsten Fehler sehn.

Der letzte Tag in ihrem Bunde,
Der letzte Kuss von ihrem Munde
Nahm wie der erste sie noch ein.
Sie starben. Wann? Wie kannst du fragen?
Acht Tage nach den Hochzeittagen;
Sonst würden dies nur Fabeln sein.

Christian Fürchtegott Gellert (1715–1769),
dt. Dichter

Es ist schon möglich, dass man im Laufe der Zeit
an mehrere falsche Frauen gerät.
Bei der Wahl seiner Witwe aber
sollte man keinen Fehler mehr machen.

Sacha Guitry (1885–1957),
franz. Schauspieler, Schriftsteller u. Filmregisseur

Dadurch haben sich die Menschen
die Ehe zur Hölle gemacht,
dass sie sie zu ihrem Himmel machen wollten.

Friedrich Hölderlin (1770–1843),
dt. Dichter

Heute ist eine Ehe schon glücklich,
wenn man dreimal die Scheidung verschiebt.

Danny Kaye (1913–1987),
amerik. Schauspieler russ. Herkunft

Die Liebe ist nur ein schmutziger Trick der Natur,
um das Fortbestehen der Menschheit zu garantieren.

William Somerset Maugham (1874–1965),
engl. Erzähler u. Dramatiker

Die Ehe ist der erfolglose Versuch,
einen Zufall zu etwas Dauerhaftem zu machen.

Albert Einstein (1879–1955),
dt. Physiker u. Nobelpreisträger

Ehe ist, wenn man trotzdem liebt.

Sigismund von Radecki (1891–1970),
dt. Schriftsteller

Vieles auf der Welt kommt zusammen,
aber selten die richtigen Paare.

August Strindberg (1849–1912),
schwed. Dichter u. Maler

Die Ehe ist die einzige wirkliche Leibeigenschaft,
die das Gesetz kennt.

Unbekannt

Die nächste Frau deines Mannes
geht heute noch in den Kindergarten.

Unbekannt

Ich bin offen gesagt, kein Freund langer Verlöbnisse.
Sie geben den Brautleuten Gelegenheit,
ihren Charakter schon vor der Hochzeit zu entdecken,
was, wie ich meine, niemals ratsam ist.

Oscar Wilde,
eigtl. Oscar Fingall O'Flahertie Wills (1854–1900),
irischer Lyriker u. Bühnenautor

Die Ehe ist ein Versuch,
zu zweit wenigstens halb so glücklich zu werden,
wie man allein gewesen ist.

Oscar Wilde,
eigtl. Oscar Fingall O'Flahertie Wills (1854–1900),
irischer Lyriker u. Bühnenautor

Mitten ins Herz

Wenn Amors Pfeil getroffen hat

Liebe ist der Versuch der Natur,
den Verstand aus dem Wege zu räumen.

Thomas Niederreuther (1909–1990),
dt. Kaufmann, Maler u. Schriftsteller

Liebe ist
ein Zeitwort, ein Verhältniswort, ein Zahlwort
oder ein Umstandswort – je nachdem.

Orson Welles (1915–1985),
amerik. Filmschauspieler, -regisseur, -autor u. -produzent

Liebe:
das triebartig beim Homo sapiens als Zwangsvorstellung
auftretende Phänomen, trotz Milliardenvorkommens
von Individuen des anderen Geschlechtes nur mit einem
einzigen Exemplar dieser Gattung leben zu können.

Ron Kritzfeld (1921),*
dt. Chemiekaufmann

Die Schönheit ist das vollkommene Einverständnis
zwischen Mann und Frau,
das sich in einem Augenblick ereignet;
in einer einzigen Sekunde kann dieses Gefühl entstehen,
das alle Gefühle überragt.
Und dieses geistige Gefühl ist es, das wir Liebe nennen.

Khalil Gibran (1883–1931),
libanes. Schriftsteller u. Maler

Es gibt doch nichts anderes,
wofür es sich zu leben lohnt,
als die Liebe.

Wim Wenders (1945),*
dt. Filmregisseur u. -produzent

Es gibt nichts Schöneres, als geliebt zu werden,
geliebt um seiner selbst willen oder vielmehr:
trotz seiner selbst.

Victor Hugo (1802–1885),
franz. Schriftsteller

Die Vernunft kann nur reden.
Es ist die Liebe, die singt.

Joseph Marie de Maistre (1753–1821),
franz. Diplomat, Staats- u. Geschichtsphilosoph

Geliebt zu werden kann eine Strafe sein.
Nicht wissen, ob man geliebt wird, ist Folter.

Robert Lembke (1913–1989),
dt. Journalist u. TV-Moderator

© Terra-Verlag, Koblenz

In der Liebe versinken und verlieren sich
alle Widersprüche des Lebens.
Nur in der Liebe sind Einheit und Zweiheit
nicht im Widerspruch.

Rabindranath Tagore (1861–1941),
ind. Dichter u. Philosoph

Über die Liebe lächelt man so lange,
bis sie einen selber erwischt.

Eleonora Duse (1858–1924),
ital. Schauspielerin

Wenn ich denke, dass ich nicht mehr an dich denke,
denke ich immer noch an dich.
So will ich denn versuchen, nicht zu denken,
dass ich nicht mehr an dich denke.

Unbekannt

O! zarte Sehnsucht, süßes Hoffen,
Der ersten Liebe goldne Zeit!
Das Auge sieht den Himmel offen,
Es schwelgt das Herz in Seligkeit.

*Friedrich von Schiller
(1759–1805), dt. Dichter*

Liebe ist ein Wahnsinn.

*Heinrich Heine (1797–1856),
dt. Dichter u. Publizist*

Die Liebe fragt nicht,
ob sie willkommen ist;
sie erscheint einfach,
als wäre sie immer da gewesen.

Unbekannt

Wenn einem die Treue Spaß macht,
dann ist es Liebe.

Julie Andrews (* 1935),
brit. Schauspielerin und Sängerin

Liebe ist,
wenn sie dir die Krümel aus dem Bett macht.

Kurt Tucholsky (1890–1935),
dt. Schriftsteller u. Journalist

Der erste Seufzer der Liebe
ist der letzte der Zurechnungsfähigkeit.

Antoine Bret (1717–1792),
franz. Dramatiker

Liebe ist das charmanteste Unglück,
das uns zustoßen kann.

Curt Goetz (1888–1960),
dt. Bühnenautor u. Schauspieler

Es gibt verschiedene Arten von Liebe,
aber sie haben alle ein Ziel: den Besitz.

Pablo Picasso (1891–1973),
span. Maler, Grafiker u. Bildhauer

Mir ist auf der Straße ein sehr armer junger Mann
begegnet, der verliebt war. Sein Hut war alt, sein Mantel
abgetragen, Wasser rann durch seine Schuhe.
Aber Sterne zogen durch seine Seele.

Victor Hugo (1802–1885),
franz. Schriftsteller

Liebe ist, aus Steinen im Wege
immer wieder eine Brücke bauen.

Unbekannt

Liebe ist eine vorübergehende Blindheit
für die Reize anderer Frauen.

Marcello Mastroianni (1924–1996),
ital. Bühnen- u. Filmschauspieler

Wenn Du liebst, dringst Du ans Licht
wie der Samen, der in der Erde verborgen war.

Bettina von Arnim (1785–1859),
dt. Dichterin

Liebe ist die stärkste Macht der Welt,
und doch ist sie die demütigste,
die man sich vorstellen kann.

Mahatma Gandhi,
eigtl. Mohandas Karamchand G. (1869–1948),
Führer der ind. Unabhängigkeitsbewegung

In der Liebe kommt es zu dem Paradoxon,
dass zwei Wesen eins werden
und trotzdem zwei bleiben.

Erich Fromm (1900–1980),
dt. Psychoanalytiker u. Schriftsteller

Liebe ist immer noch die anständigste Entschuldigung
für Dummheiten.

Horst Wolfram Geißler (1893–1983),
dt. Schriftsteller

Bei dir sind meine Gedanken

Bei dir sind meine Gedanken
Und flattern um dich her;
Sie sagen, sie hätten Heimweh,
Hier litt es sie nicht mehr!

Bei dir sind meine Gedanken
Und wollen von dir nicht fort;
Sie sagen, das wär' auf Erden,
Der allerschönste Ort!

Sie sagen, unlösbar hielte
Dein Zauber sie festgebannt
Sie hätten an deinen Blicken
Die Flügel sich verbrannt.

Friedrich Halm,
eigtl. Eligius Freiherr von Münch-Bellinghausen (1806–1871),
österr. Dichter

Wenn zwei sich lieben,
hat der Dritte das Nachsehen.

Yvonne Joosten

Ich meine, es müsste einmal ein sehr großer Schmerz
über die Menschen kommen,
wenn sie erkennen, dass sie sich nicht geliebt haben,
wie sie sich hätten lieben können.

Christian Morgenstern (1871–1914),
dt. Dichter

Wie reizend bist du Montag Morgens immer,
Allein viel schöner noch den Dienstag drauf.
Mittwochs umfließt dich königlicher Schimmer,
Und Donnerstags gehst du als Stern mir auf.
Am Freitag schlägst du ganz mein Herz in Trümmer
Und baust es Samstag schöner wieder auf.
Am Sonntag dann, wenn wir im Putz dich sehn,
Bist du nun gar zum Närrischwerden schön.

Italienisches Rispetto

Im Traum und in der Liebe ist nichts unmöglich.

Ungarisches Sprichwort

Die Liebe besiegt alles.

Vergil (70 v.Chr. – 19 v.Chr.),
röm. Dichter

Die Forderung, geliebt zu werden,
ist die größte der Anmaßungen.

Friedrich Wilhelm Nietzsche (1844–1900),
dt. Altphilologe u. Philosoph

Wenn zwei sich trauen

Gedanken zur Hochzeit

Die Ehe ist der Anfang und der Gipfel aller Kultur.
Sie macht den Rohen mild,
und der Gebildete hat keine bessere Gelegenheit,
seine Milde zu beweisen.

Johann Wolfgang von Goethe
(1749–1832), dt. Dichter

Heimat ist unerlässlich,
aber sie ist nicht an Ländereien gebunden.
Heimat ist der Mensch,
dessen Wesen wir vernehmen und erreichen.

Max Frisch (1911–1991),
schweiz. Schriftsteller

Mit einer Frau, die du liebst,
genieß das Leben alle Tage deines Lebens,
die er dir unter der Sonne geschenkt hat.

Prediger Salomo 9,9

Eine Vernunftehe schließen heißt
alle seine Vernunft zusammennehmen,
um die wahnsinnigste Handlung
zu begehen, die ein Mensch begehen kann.

Marie von Ebner-Eschenbach (1830–1916),
österr. Schriftstellerin

Das gefährlichste Jahr in der Ehe ist das erste.
Dann kommt das zweite, das dritte, das vierte,
das fünfte …

Unbekannt

Freiwillige Abhängigkeit ist der schönste Zustand,
und wie wäre der möglich ohne Liebe?

Johann Wolfgang von Goethe
(1749–1832), dt. Dichter

Ein lediger Mensch lebt nur halb.

Wolfgang Amadeus Mozart
(1756–1791), österr. Komponist

© Wilvorst Herrenmoden GmbH, Northeim, Deutschland

Man ist doch nur ein vagabundierender Räuber
und Spitzbube, wenn man das dreißigste Jahr
überschritten hat, ohne verheiratet zu sein.

Franz Grillparzer
(1791–1872), österr. Dichter

Einer allein ist nicht einmal gut im Paradies.

Italienisches Sprichwort

Soweit die Erde Himmel sein kann,
so weit ist sie es in einer glücklichen Ehe.

Marie von Ebner-Eschenbach (1830–1916),
österr. Schriftstellerin

Die Ehe ist und bleibt die wichtigste Entdeckungsreise,
die der Mensch unternehmen kann.

Sören Kierkegaard (1813–1855),
dän. Theologe, Philosoph u. Schriftsteller

Meine Heimat ist meine Frau.
Da, wo sie lebt, möchte ich sein.

Peter Alexander (1926),*
österr. Schauspieler, Sänger u. Entertainer

Vielleicht ist das Band, das eine Ehe zusammenhält,
für Außenstehende bisweilen so unverständlich,
weil man es nicht sieht.

Jeanne Moreau (1928),*
franz. Schauspielerin, Filmregisseurin u. Sängerin

Nach diesem Frühlingsregen,
Den wir so warm erfleht,
Weibchen, o sieh den Segen,
Der unsre Flur durchweht.
Nur in der blauen Trübe
Verliert sich fern der Blick;
Hier wandelt noch die Liebe,
Hier hauset noch das Glück.

Wir wandelten zufrieden,
Wir glaubten uns zu zwei;
Doch anders war's beschieden,
Und sieh! wir waren drei,
Und vier und fünf und sechse,
Sie saßen um den Topf,
Und nun sind die Gewächse
Fast all uns übern Kopf.

Bei Flöten und Schalmeien
Erneuert sich die Zeit,
Da wir uns einst im Reihen
Als junges Paar gefreut;
Und in des Jahres Laufe,
Die Wonne fühl ich schon!
Begleiten wir zur Taufe
Den Enkel und den Sohn.

Johann Wolfgang von Goethe (1749–1832),
dt. Dichter

Die Ehe ist das Bündnis zweier Menschen,
von denen einer sich niemals an Geburtstage
zu erinnern vermag
und der andere sie nie vergisst.

Frederic Ogden Nash (1902–1971),
amerik. Schriftsteller u. Journalist

Ich war der Goldschmied meiner Ketten!

Paul Valéry (1871–1945),
franz. Schriftsteller

Man soll sich beim Eingehen einer Ehe die Frage vorlegen:
Glaubst du, dich mit dieser Frau
bis ins Alter hinein gut zu unterhalten?
Alles andere in der Ehe ist transitorisch,
aber die meiste Zeit des Verkehrs
gehört dem Gespräche an.

Friedrich Wilhelm Nietzsche (1844–1900),
dt. Altphilologe u. Philosoph

In einer guten Ehe fügen sich
Himmel und Erde zusammen.

Aus Brasilien

Männer werden ohne Frauen dumm,
und Frauen welken ohne Männer.

Anton Tschechow (1860–1904),
russ. Schriftsteller u. Arzt

© Sandra F. Kwiatecki-Rudolf und Dr. Martin Th. Kwiatecki

Jeder Mensch ist eine Insel,
die sich nach Vereinigung mit dem Festland sehnt.

Arthur Koestler (1905–1983),
engl. Schriftsteller ungar. Herkunft

Wer absolute Klarheit will,
bevor er einen Entschluss fasst,
wird sich nie entschließen.

Henri-Frédéric Amiel (1821–1881),
schweiz. Schriftsteller und Philosoph

Ehe
ist gegenseitige Freiheitsberaubung
im beiderseitigen Einvernehmen.

Oscar Wilde,
eigtl. Oscar Fingall O'Flahertie Wills (1854–1900),
irischer Lyriker u. Bühnenautor

Ehe ist das öffentliche Bekenntnis
einer streng privaten Absicht.

Unbekannt

Die Ehe soll immer ein Ungeheuer bekämpfen,
das alles verschlingen will, was an ihr erhaben ist:
die Gewohnheit.

Honoré de Balzac (1799–1850),
franz. Schriftsteller

Die Ehe ist ein bewaffnetes Bündnis gegen die Außenwelt.

Gilbert Keith Chesterton (1874–1936),
engl. Schriftsteller

Das Joch der Ehe ist so schwer,
dass man zwei Personen braucht,
um es zu tragen.

Alexandre Dumas d. Ä. (1802–1870),
franz. Schriftsteller

Ehen werden zwar im Himmel geschlossen,
aber dass sie gut geraten,
darauf wird dort nicht gesehen.

Marie von Ebner-Eschenbach (1830–1916),
österr. Schriftstellerin

Die Ehe ist die Vereinigung zweier göttlicher Funken,
auf dass ein dritter auf Erden geboren werde.

Khalil Gibran (1883–1931),
liban. Schriftsteller u. Maler

Je kaputter die Welt draußen,
desto heiler muss sie zu Hause sein.

Reinhard Mey (1942),*
dt. Sänger u. Liedermacher

Die Heirat ist die einzige lebenslängliche Verurteilung,
bei der man aufgrund schlechter Führung
begnadigt werden kann.

Alfred Hitchcock (1899–1980),
brit.-amerik. Filmregisseur u. Autor

Das Schlimme in der Liebe ist,
dass Krieg und Frieden ständig wechseln.

Horaz,
lat. Quintus Horatius Flaccus (65-8 v. Chr.),
röm. Dichter

Die zweite Ehe ist der Triumph der Hoffnung
über die Erfahrung.

Samuel Johnson (1709–1784),
engl. Schriftsteller

Die Ehe gibt dem Einzelnen Begrenzung
und dadurch dem Ganzen Sicherheit.

Christian Friedrich Hebbel (1813–1863),
dt. Dichter

Es gibt zwei Perioden,
in denen ein Mann eine Frau nicht versteht:
vor der Hochzeit und nach der Hochzeit.

Robert Lembke (1913–1989),
dt. Journalist u. TV-Moderator

Meine Frau will ich nicht zum Mann nehmen.

Martial (um 40 – um 103),
röm. Dichter

Heirate auf jeden Fall!
Kriegst du eine gute Frau, wirst du glücklich.
Kriegst du eine böse, dann wirst du ein Philosoph.

Sokrates (um 470–399 v. Chr.),
griech. Philosoph

Haben Eheleute einen Sinn,
so ist das Unglück selbst Gewinn.

Deutsches Sprichwort

Die Frau weint vor der Hochzeit,
der Mann nachher.

Polnisches Sprichwort

Die Ehe ist eine lange Mahlzeit,
die mit dem Dessert beginnt.

Henri de Toulouse-Lautrec (1864–1901),
franz. Maler und Graphiker

Das einzig Rebellische in der zerfallenen Gesellschaft
ist es,
eine Familie zu gründen.
Nur dort findet einer zu sich selbst.

Pete Townshend (1945),*
brit. Musiker

In der Ehe ist es wie beim Bruchrechnen:
Es kommt vor allem auf den gemeinsamen Nenner an.

Luise Ullrich (1911–1985),
österr. Schauspielerin

Der liebe Gott war Junggeselle.
Man kann daher wohl mit Recht vermuten,
dass seine die Ehe betreffenden Gebote
mehr theoretischer als praktischer Natur waren.

Sir Peter Ustinov (1921–2004),
engl. Schriftsteller, Regisseur u. Schauspieler

Es ist eine gar leidige Sache in der Ehe,
wenn jeder sich hinsetzt, erwartungsvoll,
dass ihn der andere nun glücklich machen soll.
Es kann auf diese Weise leicht dahin kommen,
dass beide allein und unbeglückt sitzen bleiben.

Ottilie Wildermuth (1817–1877),
dt. Schriftstellerin

Liebe geht durch den Magen

Rezepte für eine gelungene Ehe

Die Ehe ist ein Vertrag, bei dem der Mann
auf die Hälfte seiner Lebensmittel verzichtet,
damit man ihm die andere Hälfte kocht.

Unbekannt

Eine gute Ehe beruht auf dem Talent zur Freundschaft.

Friedrich Wilhelm Nietzsche (1844–1900),
dt. Altphilologe u. Philosoph

Eine gute Ehe ist ein Reisgericht,
das man mit kaltem Wasser ansetzt
und behutsam zum Kochen bringt.

Aus China

Kleine Streitigkeiten würzen,
große Streitereien versalzen die Ehesuppe.

Stephan Lackner (1910–2001),
dt.-amerik. Schriftsteller, Kunstsammler u. Publizist

Bevor du heiratest, halte beide Augen offen,
doch hinterher drücke eines zu.

Aus Jamaika

Die Ehe ist eine Reise mit unbekanntem Ziel.

Unbekannt

Eine Ehe muss mit Phantasie betrieben werden.

Knut Hamsun,
eigtl. Knut Pedersen (1859–1952),
norweg. Schriftsteller

Ehe ist die Entdeckung,
dass Menschen nicht nur teilen müssen,
was sie voneinander nicht wissen, sondern auch,
was sie von sich selbst nicht wissen.

Unbekannt

© Wilvorst Herrenmoden GmbH, Northeim, Deutschland

Nicht der Mangel der Liebe,
sondern der Mangel an Freundschaft
macht unglückliche Ehen.

Friedrich Wilhelm Nietzsche (1844–1900),
dt. Altphilologe u. Philosoph

Das ewige Problem der verheirateten Frau:
Wie mache ich aus einem Windhund
einen Neufundländer?

Karl Farkas (1893–1971),
österr. Schauspieler u. Kabarettist

Ich schätze es, wenn Fußballer verheiratet sind;
denn die eigene Frau ist das beste Trainingslager.

Otto Rehagel (* 1938),
dt. Fußballtrainer

In der Ehe muss man sich manchmal streiten,
nur so erfährt man etwas voneinander.

Johann Wolfgang von Goethe (1749–1832),
dt. Dichter

Kann der Mann reden
und die Frau schweigen,
soll man vor ihnen sich
tief verneigen.

Deutsches Sprichwort

Ohne meine Frau wäre die Ehe unerträglich.

Don Herold (1889–1966),
amerik. Schriftsteller

Wer keinen Humor hat,
sollte eigentlich nicht heiraten.

Eduard Mörike (1804–1875),
dt. Dichter

Glücklicher Bund,
wo der Gatte das Haupt,
die Gattin das Herz ist.

Friedrich Haug (1761–1829),
dt. Schriftsteller

Eine Familie ist in Ordnung,
wenn man den Papagei unbesorgt verkaufen kann.

Will Rogers (1879–1935),
amerik. Komiker u. Entertainer

Man ist glücklich verheiratet,
wenn man lieber heimkommt als fortgeht.

Heinz Rühmann (1902–1994),
dt. Schauspieler

Die Ehe funktioniert am besten,
wenn beide Partner ein bisschen unverheiratet bleiben.

Claudia Cardinale (1939),*
ital. Filmschauspielerin

Zwei Segel

Zwei Segel erhellend
Die tiefblaue Bucht!
Zwei Segel sich schwellend
Zu ruhiger Flucht!

Wie eins in den Winden
Sich wölbt und bewegt,
Wird auch das Empfinden
Des andern erregt.

Begehrt eins zu hasten,
Das andre geht schnell,
Verlangt eins zu rasten,
Ruht auch sein Gesell.

Conrad Ferdinand Meyer (1825–1898),
schweiz. Schriftsteller

Denk daran, dass eine gute Ehe
von zwei Dingen abhängt:
Erstens den richtigen Menschen zu finden
und zweitens der richtige Mensch zu sein.

Unbekannt

Man darf die Liebe der jungen Eheleute, die körperlicher
Reiz und Schönheit heftig auflodern lassen, nicht für
ausreichend und zuverlässig halten, wenn sie sich nicht
auf den Charakter gründet und durch die Teilnahme
am Denken eine lebensvolle Haltung annimmt.

Plutarch (um 46–120 n. Chr.),
griech. Philosoph u. Historiker

Immer wieder fragt man mich nach dem Rezept
für meine lange und glückliche Ehe.
Nun, meine Frau und ich gehen zweimal die Woche aus.
Ein entspannendes Abendessen bei Kerzenlicht und
romantischer Musik, ein paar Runden auf der Tanzfläche.
Sie geht am Dienstag, ich am Freitag.

Henny Youngman (1906–1998),
engl.-amerik. Komiker

Auf Treu und Glauben

Über Treue und Vertrauen

Liebe verlangt nach Treue
und Treue nach Beständigkeit.

Aus Italien

Vertrauen ist die Kraft der Liebe.

Honoré de Balzac (1799–1850),
franz. Schriftsteller

Es sind nicht die dümmsten Frauen,
die sich für eine Untreue des Mannes
durch bedingungslose Treue rächen.

Sir Alec Guinness (1914–2000),
brit. Schauspieler

Die Treue ist die Schwester der Liebe!

Sprichwort

Was die Liebe nicht bindet,
das ist schlecht gebunden,
und was die Treue nicht schirmt,
beschirmt kein Eid.

Ernst Moritz Arndt (1769–1860)
dt. Schriftsteller, Historiker u. Politiker

Ich halte viel von Treue.
Es ist nur furchtbar schwierig, einen Mann zu finden,
dem man treu sein kann.

Zsa Zsa Gabor (* 1917),
ungar.-amerik. Schauspielerin

Treue kann man nicht verlangen.
Treue ist ein Geschenk.

Lilli Palmer (1914–1986),
dt. Bühnen- und Filmschauspielerin

Treue Lieb hilft alle Laster heben.

Friedrich von Schiller
(1759–1805), dt. Dichter

Liebe schwärmt auf allen Wegen,
Treue wohnt für sich allein;
Liebe kommt euch rasch entgegen,
aufgesucht will Treue sein.

Johann Wolfgang von Goethe
(1749–1832), dt. Dichter

Die Irrtümer der Frau entspringen fast immer
ihrem Glauben an das Gute
oder ihrem Vertrauen auf das Wahre.

Honoré de Balzac (1799–1850),
franz. Schriftsteller

Nicht treuer, nur anhänglicher sind die Frauen als wir.

Arthur Schnitzler (1862–1931),
österr. Schriftsteller

Vertrauen ist Mut,
und Treue ist Kraft.

Marie von Ebner-Eschenbach (1830–1916),
österr. Schriftstellerin

Das Vertrauen ist eine zarte Pflanze.
Ist es zerstört, so kommt es sobald nicht wieder.

Otto von Bismarck (1815–1898),
preuß.-dt. Staatsmann, Gründer d. Dt. Reiches
u. dessen erster Kanzler

Ein Mann hat kein Vertrauen zu einer Frau,
die intelligenter ist als er.

Bette Davis (1908–1989),
amerik. Schaupielerin

Angst ist die Abwesenheit von Vertrauen.

Paul Johannes Tillich (1886–1965),
amerik. evang. Theologe und Philosoph dt. Herkunft

Frauen sind wie Übersetzungen:
Die schönen sind nicht treu,
und die treuen sind nicht schön.

George Bernard Shaw (1856–1950),
irischer Schriftsteller

Es gibt keinen besseren Maßstab der Liebe
als das Vertrauen.

Meister Eckhart (um 1260–1327),
Dominikaner, Mystiker

Wenn Frauen ihren Freundinnen
private Details anvertrauen,
führt das manchmal dazu,
dass sie auch private Details
aus dem Leben anderer erzählen.

Deborah Tannen (* 1951),
amerik. Linguistin und Autorin

Gunst, die kehrt sich nach dem Glück,
Geld und Reichtum, das zerstäubt.
Schönheit lässt uns bald zurück;
ein getreues Herze bleibt.

Paul Fleming (1609–1640),
dt. Dichter

Vertrauen macht selig den, der es hat,
und den, der es einflößt.

Marie von Ebner-Eschenbach (1830–1916),
österr. Schriftstellerin

Wohl erprobt sich die Liebe in der Treue,
aber sie vollendet sich erst in der Vergebung.

Werner Bergengruen (1892–1964),
dt. Schriftsteller

Es ist kein Kompliment für eine ungetreue Ehefrau,
wenn der Gatte glücklicher aussieht als der Liebhaber.

Nicolas de Chamfort (1741–1794),
franz. Schriftsteller

Treue mit Reue ist Feiglings Untreue.

Richard Dehmel (1863–1920),
dt. Schriftsteller

Nicht durch Worte, aber durch Handlungen
zeigt sich wahre Treue und wahre Liebe.

Heinrich von Kleist (1777–1811),
dt. Dichter

Wenn Zweifel Herzens Nachbar wird,
Die Seele sich in Leid verwirrt.

Wolfram von Eschenbach (um 1170/80–1220),
dt. Dichter

Diejenigen, die in der Liebe flatterhaft sind
und sich aufs Betrügen verlegen,
die werden selbst betrogen und hintergangen.

Marie de France (um 1135–1200),
franz. Schriftstellerin

Wünscht bis zum Hochzeitsglücke
den Freiern Argusblicke;
doch in der Ehe taugen
am besten Maulwurfsaugen.

Friedrich Haug (1761–1829),
dt. Schriftsteller

Er und Sie
Du bist nicht treu geblieben!
Brachst deinen Schwur! – „O nein!
Wohl schwur ich, dich zu lieben,
Doch nie, dir treu zu sein.

Friedrich Haug (1761–1829),
dt. Schriftsteller

Wer in der Liebe versucht,
allen Dingen auf den Grund zu gehen,
findet sich in Kürze am Boden wieder.

Yvonne Joosten

Einer, dessen Herz von Eifersucht verzehrt wird,
ist niemals gerecht.

George Sand, eigtl. Armandine-Aurore-Lucile Dupin,
verehelicht Dudevant (1804–1876),
franz. Schriftstellerin

Die beste Ehefrau von allen

Starke Worte
über das schwache Geschlecht

Eine anständige Frau ist eine Frau,
die nicht – oder nicht mehr –
imstande ist, mehr als nur einen Mann
unglücklich zu machen.

Henry Millon de Montherlant (1896–1972),
franz. Schriftsteller

Meine Männer glaubten,
sie seien mit einer Göttin liiert.
Eines Morgens wachten sie auf
und fanden mich vor.

Rita Hayworth,
eigtl. Margarita Carmen Cansino (1918–1987),
amerik. Tänzerin u. Filmschauspielerin

Frauen lieben die einfachen Dinge des Lebens –
beispielsweise Männer.

Farrah Fawcett (* 1947),
amerik. Filmschauspielerin

Die vollkommene Ehefrau ist eine Frau,
die weiß, dass kein Mann vollkommen ist.

Unbekannt

Frauen sind da, um geliebt,
nicht um verstanden zu werden.

Oscar Wilde,
eigtl. Oscar Fingall O'Flahertie Wills (1854–1900),
irischer Lyriker u. Bühnenautor

Die große Frage, die ich trotz meines dreißigjährigen
Studiums der weiblichen Seele nicht zu beantworten
vermag, lautet:
„Was will das Weib?"

Sigmund Freud (1856–1939),
österr. Arzt u. Neurologe,
Begründer der Psychoanalyse

Liebe auf den ersten Blick
ist die Entschuldigung der Männer,
dass sie es eilig haben.

Elke Sommer (* 1940),
dt. Schauspielerin

Frauen lassen einen Mann nur deshalb warten,
weil sie damit seine Vorfreude vergrößern wollen.

Hannelore Elsner (* 1944),
dt. Schauspielerin

Göttlicher Dieb

Euer Gott ist ein Dieb", sprach der Kaiser zu Rabbi Gamaliel. „Er raubte Adam eine Rippe." Der Rabbi ging betrübt nach Hause. „Lass mich zu ihm gehen", sprach seine Tochter. „Ich will ihm antworten."

Gebt mir einen Offizier!" sprach das Mädchen zum Kaiser. „Heute Nacht wurde bei uns eingebrochen. Man stahl uns einen silbernen Krug und stellte dafür einen goldenen ab." Der Kaiser lachte: „Solche Diebe lobe ich mir. Sie dürften jede Nacht zu mir kommen."

Die Augen des Mädchens blitzen: „Seht, Imperator, so ein Dieb ist unser Gott: Er stahl Adam eine Rippe und schenkte ihm dafür ein Geschöpf, das ihn liebt und erfreut."

Jüdische Parabel

Wenn man einer Frau beim Großreinemachen zugesehen hat, versteht man, warum die Wirbelstürme immer weibliche Namen tragen.

Milton Berle (1908–2002),
amerik. Schauspieler, Entertainer u. Komiker

Frauen vereinfachen unseren Schmerz,
verdoppeln unsere Freude und
verdreifachen unsere Ausgaben.

James Saunders (* 1925),
brit. Dramatiker

Die Frau ist das einzige Geschenk,
das sich selbst verpackt.

Jean-Paul Belmondo (* 1933),
franz. Filmschauspieler

Für eine Frau kommt es nicht darauf an,
den Erstbesten zu heiraten, sondern
den Besten zuerst zu heiraten.

Unbekannt

Eine ideale Ehefrau ist jede Frau,
die den idealen Gatten hat.

Elizabeth II (* 1926),
Königin von Großbritannien und Nordirland,
Haupt des Commonwealth

© Terra-Verlag, Koblenz

Eine anständige Frau ist eine Dame,
die weiß, was sie nicht wissen darf,
obwohl sie es weiß.

Jean-Paul Belmondo (* 1933),
franz. Filmschauspieler

Mit manchem Mann
versteht man sich vor und nach der Ehe ausgezeichnet –
bloß dazwischen klappt es nicht.

Zsa Zsa Gabor (1917),*
ungar.-amerik. Schauspielerin

Die Frau ist die einzige Mausefalle,
die der Maus nachläuft.

George Bernard Shaw (1856–1950),
irischer Schriftsteller

Frauen sind die Holzwolle in der Glaskiste des Lebens.

Kurt Tucholsky (1890–1935),
dt. Schriftsteller u. Journalist

Eine Ehefrau
ist eine ehe-malige Geliebte.

Henry Louis Mencken (1880–1956),
amerik. Schriftsteller u. Journalist

Meine größte Leistung war, dass ich meine Frau
zu überreden wusste, mich zu heiraten.
Es wäre für mich unmöglich gewesen, durch all das
hindurchzukommen, was ich durchgemacht habe,
ohne ihren Mut und ohne ihre Hilfe.
Das an Freuden reichste Erlebnis meines Lebens
war meine Ehe.

Sir Winston Churchill (1874–1965),
brit. Staatsmann

Denn Männer in zweiter Ehe,
musst du wissen, das sind die besten.
Das Erst ist, dass sie die erste Frau vergessen,
und das Zweit ist, dass sie alles tun, was wir wollen.
Und das ist die Hauptsache.

Theodor Fontane (1819–1898),
dt. Schriftsteller und Journalist

Ein Mädchen sollte aus Liebe heiraten
und damit weitermachen, bis es sie gefunden hat.

Zsa Zsa Gabor (* 1917),
ungar.-amerik. Schauspielerin

Du kennst einen Mann nie richtig,
bevor du dich von ihm hast scheiden lassen.

Zsa Zsa Gabor (* 1917),
ungar.-amerik. Schauspielerin

Der einzige Geschäftszweig, bei dem die Mehrzahl
der leitenden Positionen von Frauen besetzt ist,
ist die Ehe.

Robert Lembke (1913–1989),
dt. Journalist u. TV-Moderator

Die Frau ist kein Raubtier.
Im Gegenteil: Sie ist die Beute, die dem Raubtier auflauert.

José Ortega y Gasset (1883–1955),
span. Philosoph u. Essayist

Erfolgreich ist der Mann, dem es gelingt,
mehr zu verdienen, als seine Frau ausgeben kann.
Und eine erfolgreiche Frau ist genau diejenige,
der es gelingt, einen solchen Mann zu finden.

John Davison Rockefeller (1839–1937),
amerik. Unternehmer

Eine Freundin von mir steht so auf Recycling,
dass für sie nur Männer für eine Ehe in Frage kommen,
die schon einmal verheiratet waren.

Rita Rudner (1953),*
amerik. Komikerin und Schauspielerin

Gott hat das Weib nicht aus des Mannes Kopf geschaffen,
dass es ihm befehle, noch aus seinen Füßen,
dass es seine Sklavin sei, sondern aus seiner Seite,
dass es seinem Herzen nahe sei.

Talmud
neben der hebräischen Bibel das Hauptwerk des Judentums

Frauen sind wählerisch:
Sie wollen nicht den Zweitbesten,
aber den Erstbesten wollen sie auch nicht.

Unbekannt

Männer wollen immer die erste Liebe einer Frau sein.
Frauen haben in diesen Dingen mehr Gefühl:
Sie möchten die letzte Liebe eines Mannes sein.

Oscar Wilde,
eigtl. Oscar Fingall O'Flahertie Wills (1854–1900),
irischer Lyriker u. Bühnenautor

Jede Frau, die eine Ehe eingeht,
fährt mit der Erschaffung des Mannes dort fort,
wo Gott aufgehört hat.

Lin Yutang (1895–1976),
chin. Gelehrter u. Schriftsteller

Wann ist ein Mann ein Mann?

Neue Erkenntnisse über den Mann, das unbekannte Wesen

Arme Männer!
Wenn sie erst einmal geheiratet haben,
haben sie eigentlich immer nur die Wahl,
Schurken oder Trottel zu werden.

Sebastian Haffner,
eigtl. Raimund Pretzel (1907–1999),
dt. Publizist u. Rechtsanwalt

Bigamie: eine Frau zu viel.
Monogamie: dasselbe.

Oscar Wilde,
eigtl. Oscar Fingall O'Flahertie Wills (1854–1900),
irischer Lyriker u. Bühnenautor

Im echten Manne ist ein Kind versteckt;
das will spielen.

Friedrich Wilhelm Nietzsche (1844–1900),
dt. Altphilologe u. Philosoph

Die Frauen bemühen sich, den Mann zu ändern,
und jammern dann, dass er nicht mehr der Alte ist.

Barbara Streisand (* 1942),
amerik. Sängerin, Schauspielerin u. Regisseurin

Liebe ist die Geschichte der Verfolgung
des Mannes durch die Frau.

George Bernard Shaw (1856–1950),
irischer Schriftsteller

Den idealen Gatten gibt es nicht.
Der ideale Gatte bleibt ledig.

Oscar Wilde,
eigtl. Oscar Fingall O'Flahertie Wills (1854–1900),
irischer Lyriker u. Bühnenautor

Die wirklich guten Ehemänner bleiben ledig,
weil sie zu rücksichtsvoll sind, um zu heiraten.

Finley Peter Dunne (1867–1936),
amerik. Schriftsteller u. Journalist

Der Entwurf des Mannes besteht nicht darin,
sich in der Zeit zu wiederholen,
sondern den Augenblick zu beherrschen
und die Zukunft zu erfinden.

Simone de Beauvoir (1908–1986),
franz. Schriftstellerin

Im Leben wählt ein Mann unter zwei Übeln
meist das hübschere.

Georges Feydeneau (1862–1921),
franz. Dramatiker

Ich glaube, dass kein Mann
jemals ein rechtes Leben gelebt hat,
der nicht durch die Liebe einer Frau gebessert,
durch ihren Mut gestärkt und durch die
Weisheit ihres Herzens geführt worden ist.

John Ruskin (1819–1900),
engl. Schriftsteller, Kunstkritiker u. Sozialphilosoph

Jeder Mann braucht im Leben drei Frauen:
Eine Mutter, eine Ehegattin und
wenigstens eine, die ihn für einen Mann hält.

Gabriel Laub (1928–1998),
tschech.-dt. Journalist, Satiriker und Aphoristiker

Männer widerstehen oft den schlagendsten Argumenten,
und dann erliegen sie einem Augenaufschlag.

Honoré de Balzac (1799–1850),
franz. Schriftsteller

Manche Männer bemühen sich lebenslang,
das Wesen einer Frau zu verstehen.
Andere befassen sich mit weniger schwierigen Dingen,
zum Beispiel der Relativitätstheorie.

Albert Einstein (1879–1955),
dt. Physiker u. Nobelpreisträger

Ich war immer der Meinung,
dass alle Frauen heiraten sollten,
das gilt aber nicht für Männer.

Benjamin Disraeli (1804–1881),
brit. Politiker u. Schriftsteller

Wenn Liebe bedeutet,
niemals um Entschuldigung bitten zu müssen,
dann heißt Ehe,
immer alles zweimal sagen zu müssen.
Dank einer unbekannten Laune des Universums
hören Ehemänner dich nie beim ersten Mal.

Estelle Getty (* 1923),
amerik. Schauspielerin

Ehemänner sind wie Feuer.
Sobald sie unbeobachtet sind, gehen sie aus.

Zsa Zsa Gabor (* 1917),
ungar.-amerik. Schauspielerin

Vor der Hochzeit sprechen die Männer
hauptsächlich von ihrem Herzen,
später von der Leber
und ganz zuletzt von der Galle.

Helen Vita (1928–2001),
dt. Schauspielerin u. Kabarettistin

Die Behauptung,
ein Mann könne nicht immer die gleiche Frau lieben,
ist so unsinnig wie die Behauptung,
ein Geiger brauche für dasselbe Musikstück
mehrere Violinen.

Honoré de Balzac (1799–1850),
franz. Schriftsteller

Im Laufe der Zeit ändert sich ein Ehemann.
Einst erschöpfte er sich in Beteuerungen,
später beteuert er Erschöpfung.

Karl Farkas (1893–1971),
österr. Schauspieler u. Kabarettist

Die Eheherrn sollten künftig die Trauringe
statt auf dem Finger in der Nase tragen,
zum Zeichen, dass sie doch an der Nase geführt werden.

Christian Dietrich Grabbe (1801–1836),
dt. Dramatiker

Die richtigen Männer sind entweder schon verheiratet
oder sie arbeiten zuviel.

Juliette Gréco (* 1927),
franz. Chansonsängerin u. Schauspielerin

Wenn ein Mann dir deine Frau ausspannt,
gibt es keine bessere Rache, als sie ihm zu überlassen.

Sacha Guitry (1885–1957),
franz. Schauspieler, Schriftsteller u. Filmregisseur

Spätestens wenn er sie nur noch „Mama" nennt,
braucht er wieder jemanden,
zu dem er „Schätzchen" sagen kann.

Yvonne Joosten

Der Hagestolz hat das Unglück,
dass ihm niemand seine Fehler frei sagt,
aber der Ehemann hat das Glück.

Jean Paul,
eigtl. Johann Paul Friedrich Richter (1763–1825),
dt. Dichter

Ehemänner, die sich freiwillig an der Abmagerungskur
ihrer Frau beteiligen,
gehen mit ihr wirklich durch dick und dünn.

Heinz Rühmann (1902–1994),
dt. Schauspieler

Der ideale Ehemann
raucht nicht, trinkt nicht, flirtet nicht
und existiert nicht.

Unbekannt

Feuer und Flamme

Von der Leidenschaft

Eines Tages,
nachdem wir Herr der Winde, der Wellen,
der Gezeiten und der Schwerkraft geworden sind,
werden wir uns in Gottes Auftrag
die Kräfte der Liebe nutzbar machen.
Dann wird die Menschheit zum zweiten Mal
in der Weltgeschichte das Feuer entdeckt haben.

Teilhard de Chardin (1881–1955),
franz. Jesuit, Paläontologe, Geologe u. Philosoph

Eine poetische, leidenschaftliche Liebe
ist die Blüte unseres Lebens, unserer Jugend;
wenige Menschen erleben sie,
und auch dann nur einmal im Leben.

Wissarion G. Belinski (1811–1848),
russ. Literaturkritiker u. Philosoph

Und die Liebe per Distanz,
kurz gesagt, missfällt mir ganz.

Wilhelm Busch (1832–1908),
dt. Maler, Zeichner und Dichter

Wenn die Leidenschaft zur Tür hereintritt,
rettet sich die Vernunft durch das Fenster.

Redensart

Je leidenschaftlicher und inniger ein Liebesbund ist,
desto mehr sollte er verschleiert werden,
desto geheimnisvoller sollte er sein.

Honoré de Balzac (1799–1850),
franz. Schriftsteller

Das Ohr der Neugier liegt nur an den Türen
des Glückes und der Leidenschaft.

Friedrich von Schiller (1759–1805),
dt. Dichter

Trennung lässt matte Leidenschaften
verkümmern und starke wachsen,
wie der Wind die Kerze verlöscht
und das Feuer entzündet.

François de La Rochefoucauld (1613–1680),
franz. Offizier, Diplomat u. Schriftsteller

Liebe und Leidenschaft
sind zwei verschiedene Seelenzustände,
welche Dichter und Weltmänner,
Philosophen und Dummköpfe
fortwährend miteinander verwechseln.

Honoré de Balzac (1799–1850),
franz. Schriftsteller

Die Liebe ist die Köchin,
die am meisten anrichtet in der Welt.

Johann Nepomuk Nestroy (1801–1862),
österr. Schriftsteller u. Schauspieler

Liebe macht sehend, Leidenschaft blind.

Sprichwort

Wer die Leidenschaft als Jugendsünde abtut,
degradiert die Vernunft zur Alterserscheinung.

Hans Kasper (1916–1990),
dt. Hörspielautor und Lyriker

Die Leidenschaften unterliegen niemals
falschen Berechnungen.

Honoré de Balzac (1799–1850),
franz. Schriftsteller

Die Seele hat eine gewisse Neigung zum Weißen,
die Liebe liebt das Rote, und Gold schmeichelt
den Leidenschaften, denn es hat die Macht,
ihre Träume zu verwirklichen.

Honoré de Balzac (1799–1850),
franz. Schriftsteller

Die Leidenschaften sind die Pforten der Seele.

Baltasar Gracián y Morales (1601–1658),
span. Schriftsteller u. Philosoph

Leidenschaften sind wie Flüsse und Ströme:
Die seichten plätschern, die tiefen bleiben still.

Sir Walter Raleigh (um 1554–1618),
engl. Seefahrer

Eifersucht ist eine Leidenschaft,
die mit Eifer sucht, was Leiden schafft.

Friedrich Schleiermacher (1768–1834),
dt. Theologe, Philosoph u. Pädagoge

Die Liebe ist die einzige Droge,
die bedenkenlos konsumiert werden kann,
und ohne Rezept jederzeit und überall erhältlich ist.

Wolfgang Rohde (1935),*
dt. Wirtschaftsingenieur

Die Liebe ist ein großartiges Schönheitselixier.

Louisa May Alcott (1832–1888),
amerik. Schriftstellerin

Braut:
eine Frau, die eine schöne Glückserwartung
hinter sich hat.

Ambrose Bierce (1842–1914),
amerikan. Journalist u. Satiriker

Ich wurde geboren, als du mich küsstest.
Ich starb, als du mich verließest.
Ich lebte ein paar Wochen, in denen du mich liebtest.

Humphrey Bogart (1899–1957),
amerik. Schauspieler

Die Liebe besteht zu drei Vierteln aus Neugier.

Giacomo Girolamo Casanova (1725–1798),
ital. Abenteurer und Schriftsteller

Auf Schönheit gebaute Liebe stirbt so schnell
wie die Schönheit.

John Donne (1572–1631),
engl. Schriftsteller u. Theologe

Die Zierliche
Du Zierliche, Leichte,
Wenn ich dich erreichte
Du feine Zarte,
Warte nur, warte,
Wenn ich dich fing?
Solche zierliche Dinger
Fasst man mit Daumen und Mittelfinger
Wie der Knabe den Schmetterling.

Gustav Falke (1853–1916),
dt. Schriftsteller

Die Frau, die man liebt, riecht immer gut.

Rémy de Gourmont (1858–1915),
franz. Schriftsteller

Esst, Freunde, trinkt!

Worte an die Gäste

Heut' ist mir alles herrlich; wenn's nur bliebe!
Ich sehe heut' durchs Augenglas der Liebe.

Johann Wolfgang von Goethe (1749–1832),
dt. Dichter

Freuden winken vom bekränzten Becher,
Scherze springen aus dem goldnen Wein.

Friedrich von Schiller (1759–1805),
dt. Dichter

Wo Liebe sich freut, da ist ein Fest.

Ambrosius (339–397),
Kirchenlehrer, Bischof v. Mailand

Das reichste Mahl ist freudenleer,
wenn nicht des Wirtes Zuspruch
und Geschäftigkeit den Gästen zeigt,
dass sie willkommen sind.

William Shakespeare (1564–1616),
engl. Dichter, Dramatiker u. Schauspieler

Für ein gutes Tischgespräch kommt es nicht
so sehr darauf an, was sich auf dem Tisch,
sondern was sich auf den Stühlen befindet.

Walter Matthau (1920–2000),
amerik. Schauspieler

Ein Willkommen und freundliche Worte
mangeln niemals im Hause eines guten Menschen.

Aus Indien

Nach einer guten Mahlzeit kann man allen verzeihen,
selbst seinen eigenen Verwandten.

Oscar Wilde,
eigtl. Oscar Fingall O'Flahertie Wills (1854–1900),
irischer Lyriker u. Bühnenautor

Der Kaffee muss heiß wie die Hölle,
schwarz wie der Teufel, rein wie die Engel,
süß wie die Liebe sein.

Charles Maurice de Talleyrand-Périgord (1754–1838),
Bischof von Autun, franz. Staatsmann

Es zieht Freude die Fröhlichen an.

Friedrich von Schiller (1759–1805),
dt. Dichter

Was liegt an aller unsrer Kunst der Kunstwerke,
wenn jene höhere Kunst, die Kunst der Feste,
uns abhanden kommt!

Friedrich Wilhelm Nietzsche (1844–1900),
dt. Altphilologe u. Philosoph

Ein Leben ohne Feste
ist wie ein langer Weg ohne Einkehr.

Demokrit (um 460–370 v. Chr.),
griech. Philosoph

Es ist gut tanzen, wenn das Glück aufspielt.

Skandinavisches Sprichwort

Geselliges Vergnügen, muntres Gespräch
muss einem Festmahl die Würze geben.

William Shakespeare (1564–1616),
engl. Dichter, Dramatiker u. Schauspieler

Arbeit und Feier vollenden einander.

Ludwig Strauss (1892–1953),
dt.-israel. Schriftsteller u. Literaturwissenschaftler

Das Trinkgeschirr, sobald es leer,
macht keine rechte Freude mehr.

Wilhelm Busch (1832–1908),
dt. Maler, Zeichner und Dichter

Das beste Tischgespräch ist
das Schweigen schwelgender Gäste.

Aus China

Iss, was gar ist,
trink, was klar ist,
red, was wahr ist.

Martin Luther (1483–1546),
dt. Reformator

Man feiere nur, was glücklich vollendet ist.

Johann Wolfgang von Goethe (1749–1832),
dt. Dichter

Wer nicht genießt, wird ungenießbar.

Konstantin Wecker (1947),*
dt. Liedermacher u. Lyriker

Bei Tisch soll Freude den Vorsitz führen.

Sprichwort

Ihr seid nun eins, ihr beide,
und wir sind mit euch eins.
Trinkt auf der Freude Dauer
ein Glas des guten Weins!

Und bleibt zu allen Zeiten
einander zugekehrt,
durch Streit und Zwietracht werde
nie euer Bund gestört.

Johann Wolfgang von Goethe (1749–1832),
dt. Dichter

O Blick voll Wohlbehagen!
Wenn Beer an Beere glänzt,
wenn wir zur Kelter tragen,
was Freuden uns kredenzt.

Hoffmann von Fallersleben,
eigtl. August Heinrich Hoffmann (1790–1874),
dt. Schriftsteller

Ein Haus ohne Geselligkeit
ist wie eine Blume ohne Duft.

Sigismund von Radecki (1891–1970),
dt. Schriftsteller

Mich deucht, das Größt' bei einem Fest
Ist, wenn man sich's wohlschmecken lässt.

Johann Wolfgang von Goethe (1749–1832),
dt. Dichter

Hoch sollen sie leben

Worte an die Brautleute

Jedem Anfang wohnt ein Zauber inne.

Hermann Hesse (1877–1962),
dt. Schriftsteller

Freut euch und seid fröhlich immerdar!

Jesaja 65,18

Eine glückliche Ehe ist
wie eine lange Unterhaltung,
die einem trotzdem zu kurz vorkommt.

André Maurois, eigtl. Émile Herzog (1885–1967),
franz. Schriftsteller

Es sind nicht die schlechtesten Ehen,
wenn ein Blitz mit einem Blitzableiter verheiratet ist.

Tilla Durieux, eigtl. Ottilie Godeffroy (1880–1971),
dt. Schauspielerin

Das Geheimnis der langen Ehe? Ganz einfach:
Man muss nur die richtige Frau finden
und alt genug werden.

Gordon A. Craig (1913–2005),
amerik. Historiker

Liebt einander,
aber macht die Liebe nicht zur Fessel:
Lasst sie eher ein wogendes Meer
zwischen den Ufern eurer Seelen sein.

Gebt eure Herzen
aber nicht in des anderen Obhut.
Denn nur die Hand des Lebens
kann eure Herzen umfassen.

Und steht zusammen,
doch nicht zu nah: Denn die Säulen des Tempels
stehen für sich, und die Eiche und die Zypresse
wachsen nicht im Schatten der anderen.

Khalil Gibran (1883–1931),
libanes. Schriftsteller und Maler

Den Sinn erhält das Leben einzig durch die Liebe.
Das heißt: Je mehr wir zu lieben
und uns hinzugeben fähig sind,
desto sinnvoller wird unser Leben.

Hermann Hesse (1877–1962),
dt. Schriftsteller

Wenn zwei Liebende einig sind,
bedeuten Schwierigkeiten kein Hindernis.

Alfred de Musset (1810–1857),
franz. Schriftsteller

Liebe hat kein Alter.

Blaise Pascal (1623–1662),
franz. Mathematiker, Physiker u. Philosoph

Wenn dir's in Kopf und Herzen schwirrt,
Was willst du Bessres haben!
Wer nicht mehr liebt und nicht mehr irrt,
Der lasse sich begraben.

Johann Wolfgang von Goethe (1749–1832),
dt. Dichter

Das Wort „Verzeihung"
ist die beste Münze im Hause.

Chinesisches Sprichwort

In der Ehe stammen Drehbuch und Regie vom Mann,
Dialoge und Ton von der Frau.

Federico Fellini (1920–1993),
ital. Filmregisseur

Der Mann ist das Haupt der Familie
und die Frau ist der Hut darauf.

Amerikanisches Sprichwort

Die Ehe ist ein Bauwerk,
das jeden Tag neu errichtet werden muss.

André Maurois, eigtl. Émile Herzog (1885–1967),
frz. Schriftsteller

Liebe ist der höchste Grad der Arznei.

Paracelsus, eigentl. Philippus Aureolus
Theophrastus Bombastus von Hohenheim, (1493–1541),
dt. Arzt, Philosoph u. Naturforscher

Die Liebe ist eine vorübergehende Geisteskrankheit,
die entweder durch Heirat heilbar ist oder
durch die Entfernung des Patienten von den Einflüssen,
unter denen er sich die Krankheit zugezogen hat.

Ambrose Bierce (1842–1914),
amerik. Journalist u. Satiriker

Die Liebe ist das Amen des Universums.

Novalis, eigtl. Georg Philipp Friedrich
Freiherr von Hardenberg (1772–1801),
dt. Dichter

Alter schützt vor Liebe nicht,
aber Liebe schützt bis zu einem
gewissen Grade vor Alter.

Jeanne Moreau (1928),*
franz. Schauspielerin, Filmregisseurin u. Sängerin

Denn das Glück, geliebt zu werden,
ist das höchste Glück auf Erden.

Johann Gottfried von Herder (1744–1803),
dt. Schriftsteller, Philosoph u. Theologe

Die Liebe spricht:
„Ich bin jener Lufthauch, der alles Grüne nährt
und die Blüten sprießen lässt mit ihren reifenden
Früchten."

Hildegard von Bingen (1098–1179),
dt. Mystikerin, Benediktinerin

Freudvoll
Und leidvoll,
Gedankenvoll sein;
Hangen
Und bangen
In schwebender Pein,
Himmelhoch jauchzend,
Zum Tode betrübt;
Glücklich allein
Ist die Seele, die liebt.

Johann Wolfgang von Goethe (1749–1832),
dt. Dichter

Jede Mutter hofft, dass ihre Tochter
einen besseren Mann bekommt als sie selber
und ist überzeugt, dass ihr Sohn niemals
eine so gute Frau bekommen wird wie sein Vater.

Martin Andersen-Nexø (1869–1954),
dän. Schriftsteller

Sie hat nichts und Du desgleichen,
dennoch wollt Ihr, wie ich sehe,
zu dem Bund der heil'gen Ehe
Euch bereits die Hände reichen.

Kinder seid Ihr denn bei Sinnen?
Überlegt Euch das Kapitel.
Ohne die gehör'gen Mittel
soll man keinen Krieg beginnen.

Wilhelm Busch (1832–1908),
dt. Maler, Zeichner und Dichter

Die Liebe, welch' lieblicher Dunst!
Doch in der Ehe, da steckt die Kunst.

Theodor Storm (1817–1888),
dt. Dichter

Die Kunst zu lieben

Weisheiten über die Liebe

Einen Menschen zu lieben heißt,
ihn so zu sehen, wie Gott ihn gemeint hat.

Fjodor Michajlowitsch Dostojewskij (1821–1881),
russ. Dichter

Mensch, was du liebst,
in das wirst du verwandelt werden.

Angelus Silesius, eigtl. Johann Scheffler (1624–1677),
dt. Dichter, Mystiker

Sich um die Liebe zu betrügen ist der fürchterlichste
Betrug;
es ist ein ewiger Verlust, der sich nie ersetzen lässt,
weder in der Zeit noch in der Ewigkeit.

Sören Kierkegaard (1813–1855),
dän. Theologe, Philosoph u. Schriftsteller

Liebe ist eine tolle Krankheit –
da müssen immer gleich zwei ins Bett.

Robert Lembke (1913–1989),
dt. Journalist u. TV-Moderator

Geist, der allen Dingen Leben verleiht,
ist die Liebe.

Chinesisches Sprichwort

Jemanden lieben heißt,
als Einziger ein für die anderen
unsichtbares Wunder sehen.

Claude Mauriac (1914–1996),
franz. Schriftsteller

Mit der Liebe ist es wie mit den Kleidern.
Beide brauchen ein bisschen Spielraum,
sonst fühlen wir uns eingeschnürt.

Erna Lackner (1951),*
dt. Journalistin u. Kolumnistin

Liebe ist ein Ozean von Gefühlen,
umgeben von uferlosen Ausgaben.

Sir James Dewar (1842–1923),
brit. Chemiker u. Physiker

Güte in den Worten erzeugt Vertrauen,
Güte beim Denken erzeugt Tiefe,
Güte beim Verschenken erzeugt Liebe.

Aus China

Weich ist stärker als hart,
Wasser stärker als Fels,
Liebe stärker als Gewalt.

Hermann Hesse (1877–1962),
dt. Schriftsteller

Wenn du damit beginnst,
dich denen aufzuopfern, die du liebst,
wirst du damit enden, die zu hassen,
denen du dich aufgeopfert hast.

George Bernard Shaw (1856–1950),
irischer Schriftsteller

So wie das All,
wie Gottes unerschöpfliche Geräumigkeit,
schrankenlos, alles Möglichen voll,
aller Geheimnisse voll, unfassbar
ist der Mensch, den man liebt –
nur die Liebe erträgt ihn so.

Max Frisch (1911–1991),
schweiz. Schriftsteller

Ich bin überzeugt,
man liebt sich nicht bloß in andern,
sondern hasst sich auch in andern.

Georg Christoph Lichtenberg (1742–1799),
dt. Schriftsteller u. Physiker

Was aus Liebe getan wird,
geschieht immer jenseits von Gut und Böse.

Friedrich Wilhelm Nietzsche (1844–1900),
dt. Altphilologe u. Philosoph

In der Liebe suchen die meisten ewige Heimat.
Andere, sehr wenige aber, das ewige Reisen.

Walter Benjamin (1892–1940),
dt. Schriftsteller

Die Liebe ist das Gewürz des Lebens.
Sie kann es versüßen, aber auch versalzen.

Konfuzius (551–479 v. Chr.),
chin. Philosoph

Liebe ist die tätige Sorge für das Leben
und das Wachstum dessen, was wir lieben.

Erich Fromm (1900–1980),
dt. Psychoanalytiker u. Schriftsteller

Die Liebe vernichtet alles Böse
und macht frei von aller Angst.

Hildegard von Bingen (1098–1179),
dt. Mystikerin, Benediktinerin

Liebe bleibt die goldne Leiter,
darauf das Herz zum Himmel steigt.

Emanuel Geibel (1815–1884),
dt. Schriftsteller

Willst du geliebt werden, so liebe!

Lucius Annaeus Seneca (4 v. Chr.–65 n. Chr.),
röm. Politiker, Philosoph u. Schriftsteller

Wenn du jemanden so liebst, wie er ist,
dann lässt du zu, dass er zu dem hinwächst,
was er werden könnte.

Harry Palmer (1944),*
amerik. Autor

Wer wird Liebenden Gesetze auferlegen?
Ein höheres Gesetz ist die Liebe sich selbst.

Anicius Manlius Torquatus Severinus Boethius (um 480–524),
römischer Staatsmann u. Philosoph

Mit der wahren Liebe ist es wie
mit den Gespenstererscheinungen:
Alle Welt spricht von ihnen,
aber nur wenige haben sie gesehen.

François de La Rochefoucauld (1613–1680),
franz. Offizier, Diplomat u. Schriftsteller

Die Liebe hat zwei Töchter:
die Güte und die Geduld.

Aus Italien

Die Liebe ist ein Spiel,
bei dem man dann ganz verloren ist,
wenn man seinen Partner besiegt.

Ron Kritzfeld (* 1921),
dt. Chemiekaufmann

In einem Lande, wo den Leuten,
wenn sie verliebt sind,
die Augen im Dunkeln leuchteten,
bräuchte man des Abends keine Laternen.

Georg Christoph Lichtenberg (1742–1799),
dt. Schriftsteller u. Physiker

Liebe ist die Schönheit der Seele.

Aurelius Augustinus (354–430),
abendländ. Kirchenlehrer, Bischof v. Hippo

In der Liebe erkennt der Mensch das Walten der Gottheit.

Hildegard von Bingen (1098–1179),
dt. Mystikerin, Benediktinerin

Die größte Vergeudung unseres Lebens
besteht in der Liebe,
die nicht gegeben wurde.

Elsa Brändström (1888–1948),
schwed. Sozialpolitikerin

Verwechsle nicht die Freude am Gefallen
mit dem Glück der Liebe.

Coco Chanel, eigtl. Gabrielle Chasnel (1883–1971),
franz. Modeschöpferin

Lieben heißt nämlich nichts anderes,
als eben den zu schätzen, den man liebt,
ohne dabei einen eigenen Wunsch oder Nutzen
zu verfolgen.

Marcus Tullius Cicero (106–43 v. Chr.),
röm. Redner, Politiker und Schriftsteller

Die Liebe hat nicht nur Rechte,
sie hat auch immer Recht.

Marie von Ebner-Eschenbach (1830–1916),
österr. Schriftstellerin

Wenn wir lernen wollen zu lieben,
müssen wir genauso vorgehen,
wie wenn wir irgendeine andere Kunst,
zum Beispiel Musik, Malerei, das Tischlerhandwerk
oder die Kunst der Medizin oder die Technik
lernen wollten.

Erich Fromm (1900–1980),
dt. Psychoanalytiker u. Schriftsteller

Liebe und Kunst umarmen nicht was schön ist,
sondern was eben dadurch schön wird.

Karl Kraus (1874–1936),
österr. Schriftsteller

Die Liebe stirbt niemals an Hunger,
wohl aber an Übersättigung.

Ninon de Lenclos (1620–1705),
franz. Kurtisane

Mit Gewalt erreicht man keine Liebe.

Boris Leonidovic Pasternak (1890–1960),
russ. Schiftsteller

Willst du geliebt werden, so liebe!

Seneca d. J. (4 v. Chr.–65 n. Chr.),
röm. Politiker, Philosoph u. Schriftsteller

Wenn einer weise ist,
sind zwei glücklich.

Deutsches Sprichwort

Die Liebe kommt nach der Hochzeit.

Lappländisches Sprichwort

Zu lieben heißt, über sein eigenes Selbst hinauszugehen.

Oscar Wilde,
eigtl. Oscar Fingall O'Flahertie Wills (1854–1900),
irischer Lyriker u. Bühnenautor

Schwäche kann Zärtlichkeit erregen
und den männlichen Stolz erfreuen.
Doch die gebieterischen Zärtlichkeiten eines Beschützers
werden niemals einen edlen Verstand befriedigen,
der danach lechzt, respektiert zu werden.

Mary Wollstonecraft (1759–1797),
engl. Schriftstellerin

Mach's noch einmal, Sam

Bemerkungen zur schönsten Nebensache der Welt

Auf die Hände küsst die Achtung,
Freundschaft auf die offene Stirn,
auf die Wangen Wohlgefallen,
sel'ge Liebe auf den Mund,
auf geschlossene Aug' die Sehnsucht,
in die hohle Hand Verlangen,
Arme, Nacken die Begierde,
überall sonst hin Raserei.

Franz Grillparzer (1791–1872),
österr. Dichter

Liebe ist der Austausch zweier Phantasien
und die Berührung zweier Hautschichten.

Nicolas de Chamfort (1741–1794),
franz. Schriftsteller

Wenn es nur die Vernunft gäbe und keine Leidenschaft,
wäre die Menschheit schon lange ausgestorben.

Henry Miller (1891–1980),
amerik. Schriftsteller

Zärtlichkeit ist die Ruhe der Leidenschaft.

Joseph Joubert (1754–1824),
franz. Schriftsteller

Gib mir Keuschheit und Enthaltsamkeit –
aber jetzt noch nicht!

Aurelius Augustinus (354–430),
Kirchenlehrer, Bischof v. Hippo

Die Lust ernährt die Liebe.
Wenn jene aufhört, stirbt diese ab.

Paul Léautaud (1872–1956),
franz. Schriftsteller

Ich kann allem widerstehen –
außer der Versuchung.

Oscar Wilde,
eigtl. Oscar Fingall O'Flahertie Wills (1854–1900),
irischer Lyriker u. Bühnenautor

In der Liebe ist der Mann stolz auf seine Eroberungen,
die Frau zufrieden mit ihren Niederlagen.

Sacha Guitry (1885–1957),
franz. Schauspieler, Schriftsteller u. Filmregisseur

Die Ehe bleibt deshalb so beliebt,
weil sie ein Maximum an Versuchung
mit einem Maximum an Gelegenheit verbindet.

George Bernard Shaw (1856–1950),
irischer Schriftsteller

Versuchungen sind wie eine Stechmückenplage:
Während wir eine erschlagen, sind tausend andere da.

Ernst R. Hauschka (1926),*
dt. Philosoph u. Aphoristiker

Erotik ist die Überwindung von Hindernissen.
Das verlockendste und populärste Hindernis ist die Moral.

Karl Kraus (1874–1936),
österr. Schriftsteller

Manch einer, der vor der Versuchung flieht,
hofft doch heimlich, dass sie ihn einholt.

Giovanni Guareschi (1908–1968),
ital. Schriftsteller

Wenn sie mich an sich lockte,
war Rede nicht im Brauch,
und wie die Zunge stockte,
so stockt die Feder auch.

Johann Wolfgang von Goethe (1749–1832),
dt. Dichter

Das Ewig-Weibliche zieht uns hinan.

Johann Wolfgang von Goethe (1749–1832),
dt. Dichter

Die Liebe besteht zu drei Vierteln aus Neugier.

Giacomo Girolamo Casanova (1725–1798),
ital. Abenteurer u. Schriftsteller

Alle Lust will Ewigkeit.

Friedrich Wilhelm Nietzsche (1844–1900),
dt. Altphilologe u. Philosoph

Versuchungen sind wie Vagabunden:
Wenn man sie freundlich behandelt,
kommen sie wieder und bringen andere mit.

Mark Twain,
eigtl. Samuel Langhorne Clemens (1835–1910),
amerik. Schriftsteller u. Satiriker

Ich weiß nichts über Sex, weil ich immer verheiratet war.

Zsa Zsa Gabor (1917),*
ungar.-amerik. Schauspielerin

Freude,
schöner Götterfunken

Gedanken zur Freude

Glaube mir, wirkliche Freude
ist eine ernste Angelegenheit.

Lucius Annaeus Seneca (4 v. Chr.–65 n. Chr.),
röm. Politiker, Philosoph u. Schriftsteller

Wir sind berufen zur gottseligen, jauchzenden Freude.

Franz von Assisi (1181–1226),
ital. Ordensstifter

Liebe besteht nicht ohne ein inneres Wissen
um die Freuden, die ihr Dauer verleihen.

Honoré de Balzac (1799–1850),
franz. Schriftsteller

Kleine Freuden sind Blumen im Teppich des Lebens.

Sprichwort

Seine Freude an der Freude des anderen finden zu können,
das ist das Geheimnis des Glücks.

Georges Bernanos (1888–1948),
franz. Schriftsteller

Die Freude steckt nicht in den Dingen,
sondern im Innersten unserer Seele.

Theresia von Lisieux,
eigtl. Thérèse Martin (1873–1897),
franz. Karmelitin

Freude ist das Leben durch einen
Sonnenstrahl hindurch gesehen.

Carmen Sylva (1843–1916),
Königin Elisabeth von Rumänien

© Wilvorst Herrenmoden GmbH, Northeim, Deutschland

Nach Vergnügen rennt,
wer keine Freude kennt.

Ernst Moritz Arndt (1769–1860),
dt. Schriftsteller, Historiker u. Politiker

Mit Kummer kann man allein fertig werden,
aber um sich aus vollem Herzen freuen zu können,
muss man die Freude teilen.

Mark Twain,
eigtl. Samuel Langhorne Clemens (1835–1910),
amerik. Schriftsteller u. Satiriker

Dass der Mensch sich freuen kann,
setzt voraus, dass er sich ärgern kann,
aber nicht, dass er sich ärgert.

Gerhard Branstner (1927),*
dt. Politiker u. Schriftsteller

Freude ist die Emotion, die Menschen verbindet.

Verena Kast (1943),*
schweiz. Psychologin u. Psychotherapeutin

In einer guten Ehe
werden die Sorgen geteilt,
die Freuden verdoppelt.

Sigrid Undset (1882–1949),
norweg. Schriftstellerin

Lebensfreude entsteht durch Frieden,
der nicht statisch, sondern dynamisch ist.

Henry Miller (1891–1980),
amerik. Schriftsteller

Wo die Freude sich blicken lässt, da haltet sie fest.

Hoffmann von Fallersleben,
eigtl. August Heinrich Hoffmann (1790–1874),
dt. Schriftsteller

Der Mensch ist nicht zum Vergnügen,
sondern zur Freude geboren.

Paul Claudel (1868–1955),
franz. Schriftsteller u. Diplomat

Wir streben mehr danach,
Schmerz zu vermeiden,
als Freude zu gewinnen.

Sigmund Freud (1856–1939),
österr. Arzt u. Neurologe, Begründer der Psychoanalyse

Wer keine Freude an der Welt hat,
an dem hat die Welt auch keine Freude.

Berthold Auerbach,
eigtl. Moses Baruch Auerbacher (1812–1882),
dt. Schriftsteller

Die Welt ist voll von kleinen Freuden;
die Kunst besteht nur darin, sie zu sehen,
ein Auge dafür zu haben.

Li Taibai (701–762),
chines. Dichter

Freude kann dreimal beglücken:
als Erwartung,
als Erlebnis,
als Erinnerung.

Othmar Capellmann (1902–1982),
österr. Kulturkorrespondent, Lyriker

Wenn wir wüssten, wie kurz das Leben ist,
würden wir uns gegenseitig mehr Freude machen.

Ricarda Huch (1864–1947),
dt. Schriftstellerin

Zwei bessere Hälften

Einfälle und Ausfälle zum Ehealltag

Der kluge Ehemann kauft seiner Frau nur
das teuerste Porzellan,
weil er dann sicher sein darf,
dass sie es nicht nach ihm wirft.

Unbekannt

Liebe ist die einzige Sklaverei,
die als Vergnügen empfunden wird.

George Bernard Shaw (1856–1950),
irischer Schriftsteller

Richtig verheiratet ist der Mann erst dann,
wenn er jedes Wort versteht,
das seine Frau nicht gesagt hat.

Alfred Hitchcock (1899–1980),
brit.-amerik. Filmregisseur u. Autor

Das Weib ist mit seinem Mann,
der Mann aber mit seinem Geschäft verheiratet.

Aus Indien

Tatsache ist, dass die Eigenschaften,
die aus Gründen des Fortschritts
und der Größe der Menschheit
an dem Mann am meisten geschätzt werden,
die Frau erotisch keine Spur interessieren.

José Ortega y Gasset (1883–1955),
span. Philosoph u. Soziologe

Die Liebe überwindet den Tod, aber es kommt vor,
dass eine kleine üble Gewohnheit die Liebe überwindet.

Marie von Ebner-Eschenbach (1830–1916),
österr. Schriftstellerin

Die Ehe ist eine Gemeinschaft, bestehend aus
einem Herrn, einer Herrin
und zwei Sklaven,
also insgesamt zwei Personen.

Ambrose Bierce (1842–1914),
amerik. Journalist u. Satiriker

Ich bezweifle sehr,
dass Ehemänner länger leben als Junggesellen.
Ich bezweifle allerdings nicht,
dass es ihnen so vorkommt.

Jean Marais (1913–1998),
franz. Theater- u. Filmschauspieler

Eine gute Ehefrau ist immer
„Führer, Philosoph und Freund"
für ihren Mann; des Weiteren auch sein Schutzengel,
seine Verdauung, sein Gewissen, sein Terminkalender
und seine Brieftasche.

Helen Rowland (1875–1950),
amerik. Schriftstellerin

Die erste Aufgabe einer jungen Ehefrau besteht darin,
die Freunde ihres Mannes in die Flucht zu kochen.

Micheline Presle (1922),*
franz. Schauspielerin

In der Ehe pflegt gewöhnlich einer der Dumme zu sein.
Nur wenn zwei Dumme heiraten,
das kann mitunter gut gehen.

Kurt Tucholsky (1890–1935),
dt. Schriftsteller u. Journalist

Die ideale Ehefrau
kennt alle Lieblingsspeisen ihres Mannes –
und alle Restaurants, in denen man sie bekommt.

Laura Antonelli (* 1941),
ital. Schauspielerin

Nachdem Gott die Welt erschaffen hatte,
schuf er Mann und Frau.
Um das Ganze vor dem Untergang zu bewahren,
erfand er den Humor.

Mordillo, eigtl. Guillermo Mordillo (* 1932),
argentin. Cartoonist u. Karikaturist

Wir liegen auf der gleichen Wellenlänge.
Einer ihrer Vorfahren war Attila der Hunne,
einer meiner Vorfahren war Dschingis Khan.

Johannes Fürst von Thurn und Taxis (1926–1990),
dt. Industrieller u. Bankier

Tauziehen ist die abwechslungsreichste Art,
mit anderen an einem Strang zu ziehen.

Wolfram Weidner (* 1925),
dt. Journalist

Der Mann ist lyrisch,
die Frau episch,
die Ehe dramatisch.

Novalis,
eigtl. Georg Philipp Friedrich Freiherr von Hardenberg
(1772–1801), dt. Dichter

Die Ehe ist eine gerechte Einrichtung:
Die Frau muss jeden Tag das Essen kochen,
und der Mann muss es jeden Tag essen.

Alberto Sordi (1919–2003),
ital. Schauspieler, Regisseur u. Drehbuchautor

Eine gute Ehe besteht aus einer besseren Hälfte
und einer stärkeren Hälfte.

Victor de Kowa, eigtl. Victor Kowarzik (1904–1973),
dt. Schauspieler

Wie schafft man das eigentlich,
vierzig Jahre verheiratet zu sein?
Das, scheint's, hat mehr von einem Wunder
als die Teilung des Roten Meeres,
obwohl mein Vater in seiner Naivität
diese für die bedeutendere Leistung hält.

Woody Allen,
eigtl. Allen Stewart Konigsberg, (* 1935),
amerik. Regisseur, Schauspieler u. Schriftsteller

Eine Möglichkeit, das letzte Wort zu haben,
hat der Ehemann immer:
Er kann um Verzeihung bitten.

Sir Noël Coward (1899–1973),
engl. Dramatiker, Komponist, Regisseur u. Schauspieler

Eine meiner Theorien ist,
dass Männer mit den Augen lieben;
Frauen lieben mit ihren Ohren.

Zsa Zsa Gabor (* 1917),
ungar.-amerik. Schauspielerin

Die Vorstellung von einem Ehepaar,
das fünfundzwanzig Jahre ohne ein böses Wort
zusammengelebt hat,
verrät ein Maß an Geist und Temperament,
das man sonst nur an Schafen bewundert.

Alan Patrick Herbert (1890–1971),
engl. Schriftsteller u. Politiker

Die schlimmsten Eheprobleme sind die,
von denen man keine Ahnung hat.

Oliver Herford (1863–1935),
amerik. Schauspieler

Die Ehe ist eine Hölle bei gemeinsamem Schlafzimmer;
bei getrennten Schlafzimmern ist sie nur noch
ein Fegefeuer;
ohne Zusammenwohnen wäre sie vielleicht das Paradies.

Henry Millon de Montherlant (1896–1972),
franz. Schriftsteller

Wenn Menschen auch noch so eng zusammengehören:
Es gibt innerhalb ihres gemeinsamen Horizontes
doch noch alle vier Himmelsrichtungen,
und in manchen Stunden merken sie es.

Friedrich Wilhelm Nietzsche (1844–1900),
dt. Altphilologe u. Philosoph

Wer den Mund hält, wenn er merkt,
dass er Unrecht hat, ist weise.
Wer den Mund hält, obwohl er Recht hat, ist verheiratet.

George Bernard Shaw (1856–1950),
irischer Schriftsteller

Liebe macht blind, aber nicht taub.
Daran ist schon manche hoffnungsvolle Beziehung
gescheitert.

George Bernard Shaw (1856–1950),
irischer Schriftsteller

Ein jegliches hat seine Zeit

Weisheiten über das Leben

Nimm Dir Zeit
Nimm Dir Zeit, um zu arbeiten,
es ist der Preis des Erfolges.
Nimm Dir Zeit, um nachzudenken,
es ist die Quelle der Kraft.
Nimm Dir Zeit, um zu spielen,
es ist das Geheimnis der Jugend.
Nimm Dir Zeit, um zu lesen,
es ist die Grundlage des Wissens.
Nimm Dir Zeit, um freundlich zu sein,
es ist das Tor zum Glücklichsein.
Nimm Dir Zeit, um zu träumen,
es ist der Weg zu den Sternen.
Nimm Dir Zeit, um froh zu sein,
es ist die Musik der Seele.
Nimm Dir Zeit, um zu lieben,
es ist die wahre Lebensfreude.

Aus Irland

Die Zeiten waren nie so ernst wie immer.

Lore Lorentz (1920–1994),
dt. Kabarettistin

Leben,
das ist etwas, das passiert, während du Pläne schmiedest.

John Lennon (1940–1980),
brit. Rockmusiker

Die Zeit flieht – vor sich selbst.

Stanislaw Jerzy Lec (1909–1966),
poln. Lyriker u. Satiriker

Zwei Dinge sind schädlich für jeden,
der die Stufen des Glücks ersteigen will:
Schweigen, wenn Zeit ist zu reden,
und Reden, wenn Zeit ist zu schweigen.

Friedrich von Bodelschwingh (1831–1910),
dt. evang. Theologe

Liebst du das Leben?
Dann verschwende nicht die Zeit,
denn das ist der Stoff,
aus dem das Leben gemacht ist.

Benjamin Franklin (1706–1790),
amerik. Politiker, Naturwissenschaftler u. Schriftsteller

Die Zeit ist auch nicht mehr das, was sie mal war.

Albert Einstein (1879–1955),
dt. Physiker u. Nobelpreisträger

Die Zeit verwandelt uns nicht,
sie entfaltet uns nur.

Max Frisch (1911–1991),
schweiz. Schriftsteller

Lebenskünstler sind Menschen,
die nicht nur Zeit für das Notwendige,
sondern auch für das scheinbar Überflüssige haben.

Friedl Beutelrock (1889–1958),
dt. Schriftstellerin

Wenn die Zeit kommt, in der man könnte,
ist die vorüber, in der man kann.

Marie von Ebner-Eschenbach (1830–1916),
österr. Schriftstellerin

Früchte reifen durch die Sonne,
Menschen reifen durch die Liebe.

Julius Langbehn (1851–1907),
dt. Schriftsteller

Zukunft ist die Zeit,
in der man die ganze Vergangenheit kennen wird.
Solange man die Vergangenheit nur teilweise kennt,
lebt man in der Gegenwart.

Gabriel Laub (1928–1998),
tschech.-dt. Journalist, Satiriker u. Aphoristiker

Verschwendete Zeit ist Dasein;
nutzbringend verbrachte Zeit ist Leben.

Edward Young (1683–1765),
engl. Dichter

Nicht die Jahre in unserem Leben zählen,
sondern das Leben in unseren Jahren zählt.

Adlai Ewing Stevenson (1900–1965),
amerik. Politiker

Walzer

Hinunter die Pfade des Lebens gedreht,
Pausiert nicht, ich bitt' euch so lang es noch geht,
Drückt fester die Mädchen ans klopfende Herz,
Ihr wisst ja wie flüchtig ist Jugend und Scherz.

Lasst fern von uns Zanken und Eifersucht sein
Und nimmer die Stunden mit Grillen entweihn.
Dem Schutzgeist der Liebe nur gläubig vertraut,
Es findet noch jeder gewiss eine Braut.

Novalis,
eigtl. Georg Philipp Friedrich Freiherr von Hardenberg
(1772–1801), dt. Dichter

Lieblich in der Bräute Locken
spielt der jungfräuliche Kranz,
Wenn die hellen Kirchenglocken
Laden zu des Festes Glanz.

Ach! Des Lebens schönste Feier
Endigt auch den Lebensmai,
Mit dem Gürtel, mit dem Schleier
Reißt der schöne Wahn entzwei.

Friedrich von Schiller (1759–1805),
dt. Dichter

Kinder, Kinder

Coole Sprüche für zukünftige Eltern

Die Kinder von heute sind Tyrannen.
Sie widersprechen ihren Eltern,
kleckern mit dem Essen
und ärgern ihre Lehrer.

Sokrates (um 470–399 v. Chr.),
griech. Philosoph

Wer die Lebensbahn seiner Kinder zu verpfuschen
gedenkt,
der räume ihnen alle Hindernisse aus dem Weg.

Emil Oesch (1894–1974),
schweiz. Schriftsteller u. Verleger

Außer handfesten Lebensregeln
sind gute Erinnerungen das Beste,
was man den Kindern mitgeben kann.

Sidney J. Harris (1917–1986),
engl. Journalist

Von Kindern kann man viel lernen.
Zum Beispiel, wie viel Geduld man hat.

Franklin P. Jones (1853–1935),
amerik. Satiriker

Kleine Kinder sind ein enormes Managementproblem,
aus dem sich allmählich eine Beziehung entwickelt.

Libby Purves (* 1950),
brit. Journalistin

Wenn Kinder sich ruhig verhalten,
haben sie etwas angestellt.

Aus England

Zwei Dinge sollen Kinder
von ihren Eltern bekommen:
Wurzeln und Flügel.

Johann Wolfgang von Goethe (1749–1832),
dt. Dichter

Ein Kind ist sichtbar gewordene Liebe.

Novalis,
eigtl. Georg Philipp Friedrich Freiherr von Hardenberg
(1772–1801), dt. Dichter

Ein neugeborenes Kind ist wie eine Knospe,
die aufgegangen ist, um zur Freude der anderen zu blühen.

Irmgard Erath (1944),*
dt. Autorin

Kinder haben ist die beste Erziehung
für die Eltern.

Marie von Ebner-Eschenbach (1830–1916),
österr. Schriftstellerin

In dem ersten Weinen der Kinder liegt eine Bitte;
sowie man aber die Vorsicht außer Acht lässt,
verwandelt es sich in einen Befehl.

Jean-Jacques Rousseau (1712–1778),
franz.-schweiz. Philosoph u. Schriftsteller

Kinder sind ein Trost im Alter und ein Mittel,
es rascher zu erreichen.

Rudolf Fernau (1901–1985),
dt. Schauspieler

Die Kinder sagen unzählige zarte Gefühle heraus,
die die Erwachsenen auch haben, aber nicht sagen.

Jean Paul (1763–1825),
eigtl. Johann Paul Friedrich Richter,
dt. Dichter

Liebt eure Kinder um ihrer selbst willen,
nicht ihrer Leistungen wegen.

Basil H. Johnston (* 1929),
amerik. Indianer (Ojiba), Schriftsteller

Kinder machen die Seele gesund.

Fjodor Michajlowitsch Dostojewskij (1821–1881),
russ. Dichter

Kinder brauchen Liebe –
besonders, wenn sie sie nicht verdienen.

Henry David Thoreau (1817–1862),
amerik. Schriftsteller

Kinder sind das lieblichste Pfand in der Ehe,
sie binden und erhalten das Band der Liebe.

Martin Luther (1483–1546),
dt. Reformator

Kinder und Uhren dürfen nicht ständig
aufgezogen werden,
man muss sie auch gehen lassen.

Jean Paul (1763–1825),
eigtl. Johann Paul Friedrich Richter,
dt. Dichter

Kinder sehen mehr darauf, was die Eltern tun,
als was sie sagen.

Sprichwort

Wir alle haben Momente im Leben,
die unseren Mut auf die Probe stellen.
Kinder in ein Haus mit weißen Teppichen
mitzunehmen, ist so einer.

Erma Bombeck (1927–1996),
amerik. Schriftstellerin

Der einzig legitime Grund, ein Kind zu bekommen,
ist die Freude am eigenen Leben.

Theodor W. Adorno (1903–1969),
dt. Philosoph, Soziologe, Musiktheoretiker u. Komponist

Viele Eltern glauben, sie könnten ihre Kinder
zu Verschwiegenheit, Takt, Ehrlichkeit und
Vertrauen erziehen,
während sie sich zanken, die Kinder anlügen,
ihre Briefe durchschnüffeln und über ihre innersten
Angelegenheiten mit anderen reden.

Oswald Bumke (1877–1950),
dt. Nervenarzt

Kinder zitieren dich selten falsch,
besonders wenn sie wiederholen,
was du nicht hättest sagen sollen.

Sam Ewing (1921–2001),
amerik. Journalist

Die Ehe hat Gott im Paradiese eingesetzt;
darum gilt auch heute noch das Gebot:
Mehret euch!

Ludwig Andreas Feuerbach (1804–1872),
dt. Philosoph

Außer Eltern wissen alle Menschen,
wie man Kinder erzieht.

Robert Lembke (1913–1989),
dt. Journalist u. TV-Moderator

Sollen wir Kinder ziehen,
so müssen wir auch Kinder mit ihnen werden.

Martin Luther (1483–1546),
dt. Reformator

Bevor ich heiratete,
hatte ich sechs Theorien über Kindererziehung.
Jetzt habe ich sechs Kinder und keine Theorie.

John Wilmot Earl of Rochester (1647–1680),
engl. Dichter

Das gibt sich, sagen schwache Eltern
von den Fehlern ihrer Kinder.
O nein! Es gibt sich nicht.
Es entwickelt sich.

Marie von Ebner-Eschenbach (1830–1916),
österr. Schriftstellerin

Glück und Glas

Spitzen von neidischen Singles

Eine Ehe ist die Gründung einer Gesellschaft
für Konfliktforschung.

Wolfram Weidner (1925),*
dt. Journalist

Eine Heirat geht ja furchtbar schnell,
nur die Scheidung ist immer so zeitraubend.

Brigitte Bardot (1934),*
franz. Filmschauspielerin

Die Ehe zweier Menschen,
die einander in Liebe verbunden sind,
kommt nie zur Ruhe;
sie lebt von elementarer Uneinigkeit.

Jean Giraudoux (1882–1944),
franz. Schriftsteller u. Diplomat

Liebe ist ein Glas, das zerbricht,
wenn man es zu unsicher oder zu fest anfasst.

Russisches Sprichwort

Die Ehe ist ein Buch,
bei dem das erste Kapitel
in Poesie geschrieben ist
und die übrigen in Prosa.

Beverly Nichols (1898–1983),
engl. Journalist u. Schriftsteller

Die Ehe ist eine Verbindung,
zu der mancher nicht rechtzeitig
sein Neinwort gab.

Ron Kritzfeld (* 1921),
dt. Chemiekaufmann

Die Ehe ist eine Gelegenheit, herauszufinden,
was für einen Burschen deine Frau lieber gehabt hätte.

Unbekannt

Gehst du in den Krieg, so bete einmal,
gehst du zur See, bete zweimal,
in die Ehe – dreimal.

Aus Russland

In jeder großen Trennung
liegt ein Keim von Wahnsinn;
man muss sich hüten,
ihn nachdenklich auszubrüten
und zu pflegen.

Johann Wolfgang von Goethe
(1749–1832), dt. Dichter

Eine Komödie, die mit der Hochzeit endet,
ist der Anfang einer Tragödie.

George Bernard Shaw (1856–1950),
irischer Schriftsteller

Männer heiraten, weil sie müde,
Frauen, weil sie neugierig sind;
beide werden enttäuscht.

Oscar Wilde,
eigtl. Oscar Fingall O'Flahertie Wills (1854–1900),
irischer Lyriker u. Bühnenautor

Die geschmackvolle Frau wählt den Mann,
der ihr am besten steht.

Emilio Schuberth (1904),*
ital. Modeschöpfer

Das Glück ist nicht blind,
aber manchmal ist es sehr kurzsichtig.

Ruth Leuwerik (1926),*
dt. Schauspielerin

Am Altar sagten beide „ja",
und damit hatten sie sich versprochen.

Werner Horand (1926),*
dt. Autor, Feuilletonist

Das Unglück eines Ehemannes
ist eine wahre Erquickung für alle alten Junggesellen.

Volksmund

In biblischen Zeiten konnte ein Mann
so viele Frauen haben, wie er sich leisten konnte –
genau wie heute.

Abigail Van Buren (1918),*
amerik. Kolumnistin

Eine Scheidung ist wie eine Amputation:
Du überlebst sie, aber ein Teil von dir fehlt.

Margaret Eleanor Atwood (1939),*
kanad. Schriftstellerin

In wohleingerichteten Reichen und Republiken
sollten die Ehen auf Zeit geschlossen
und alle drei Jahre aufgelöst oder neu bestätigt werden,
wie jeder andere Pachtvertrag,
statt für das ganze Leben in Kraft zu bleiben,
zur ewigen Marter für beide Teile.

Miguel de Cervantes (1547–1616),
span. Dichter

Viele Leute, die glauben,
die Scheidung sei ein Allheilmittel für jede Krankheit,
müssen feststellen,
dass das Mittel schlimmer als die Krankheit ist.

Dorothy Dix,
eigtl. Elizabeth Merriwether Gilmer (1870–1951),
amerik. Journalistin

Zu heiraten hat auf mich dieselbe Wirkung
wie ein Tropfen Zitronensaft auf eine Auster.

Juliette Gréco (* 1927),
franz. Chansonsängerin u. Schauspielerin

Die Liebe vertreibt die Zeit.
Die Zeit vertreibt die Liebe.

Französisches Sprichwort

In Hollywood entstehen Filme, deren Dreharbeiten
länger dauern als manche Schauspielerehe.

Barbara Streisand (* 1942),
amerik. Sängerin, Schauspielerin u. Regisseurin

Yvonne Joosten

Die schönsten Reden für Hochzeiten und Hochzeitstage

7., aktualisierte Auflage

humboldt – Information & Wissen
160 Seiten, 12,5 x 18,0 cm, Broschur
ISBN 978-3-86910-017-3
€ 7,95

Eine gute Rede darf alles – nur nicht langweilen! Dieser Ratgeber stellt viele gelungene und zeitgemäße Beispiele vor, die man ganz einfach für seine persönlichen Zwecke abändern kann. Dazu gibt es praktische Tipps, Zitate und Sprichwörter.

Die Autorin
Yvonne Joosten arbeitet seit über 20 Jahren erfolgreich als Journalistin und Autorin in Köln. Sie hat mehr als 50 Sachbücher verfasst, darunter Rageber zu Hochzeitsreden und Familienfeiern sowie zu Festen und Bräuchen.

humboldt

...bringt es auf den Punkt.

Helen Ann Augst

Der große Hochzeitsratgeber

Für das schönste Fest im Leben

Mit Hochzeitsplaner

humboldt – Information & Wissen
208 Seiten, 14,5 x 21,5 cm, Broschur
ISBN 978-3-86910-002-9
€ 14,95

Dieser Ratgeber zeigt, wie Brautpaare ihren schönsten Tag im Leben tatsächlich zum unvergesslichen Ereignis machen. Im Vorfeld die perfekte Organisation, dann das rauschende Fest mit ganz persönlicher Note und schließlich ist einiges im Anschluss noch zu berücksichtigen. Unverzichtbar für alle, die sich trauen!

„Dass Sie sich trauen wollen, steht fest: Doch wie soll der Hochzeitstag aussehen, damit er zum schönsten Ihres Lebens wird? Wer bei der Beantwortung dieser Frage praktische Unterstützung benötigt, kann sich den großen Hochzeitsratgeber zur Hand nehmen. Die Autorin listet darin noch einmal alles auf, was vor dem Hochzeitstag und am Tag selbst zu beachten ist." *Braunschweiger Zeitung*

www.humboldt.de

... bringt es auf den Punkt.

Alexandra Steiner

1000 Glückwünsche

**Sprüche, Zitate und
Verse für jeden Anlass**

**Von der Taufe bis zur
Goldenen Hochzeit**

humboldt – Information & Wissen
400 Seiten, 12,5 x 18,0 cm, Broschur
ISBN 978-3-86910-015-9
€ 9,95

Mit guten Wünschen möchte man gerne etwas Besonderes sagen.
Doch oft fällt es gar nicht so leicht, die passenden Worte zu finden.
Dieses Buch ist eine Schatzkiste an Sprüchen, Zitaten und Versen.
Dank der übersichtlichen Sortierung finden sich schnell originelle und
schöne Worte – für jeden Anlass.

- Aktuelle Sammlung für Reden und Glückwunschkarten
- Zu Geburt, Taufe, Einschulung, Kommunion, Konfirmation, Hochzeit,
  Geburtstagen, Jubiläen und, und, und …
- Von „heiter" bis „besinnlich"

Die Herausgeberin
Alexandra Steiner studierte Nordische Philologie, Neuere deutsche Lite-
raturwissenschaft und Soziologie in München und Kopenhagen.